El Cielo Puede Esperar

Psicografía de
**VERA LÚCIA MARINZECK
DE CARVALHO**

António Carlos

Traducción al Español:
J.Thomas Saldias, MSc.
Trujillo, Perú, Mayo, 2023

Título Original en Portugués:
"O CÉU PODE ESPERAR"
© Vera Lúcia Marinzeck de Carvalho , 2005

World Spiritist Institute
Houston, Texas, USA
E-mail: contact@worldspiritistinstitute.org

De la Médium

Vera Lúcia Marinzeck de Carvalho (São Sebastião do Paraíso, 21 de octubre –) es una médium espírita brasileña.

Desde pequeña se dio cuenta de su mediumnidad, en forma de clarividencia. Un vecino le prestó la primera obra espírita que leyó, "*El Libro de los Espíritus*", de Allan Kardec. Comenzó a seguir la Doctrina Espírita en 1975.

Recibe obras dictadas por los espíritus Patrícia, Rosângela, Jussara y Antônio Carlos, con quienes comenzó en psicografía, practicando durante nueve años hasta el lanzamiento de su primer trabajo en 1990.

El libro "Violetas na Janela", del espíritu Patrícia, publicado en 1993, se ha convertido en un éxito de ventas en el Brasil con más de 2 millones de copias vendidas habiendo sido traducido al inglés, español, francés y alemán, a través del World Spiritist Institute.

Del Traductor

Jesús Thomas Saldias, MSc., nació en Trujillo, Perú.

Desde los años 80s conoció la doctrina espírita gracias a su estadía en Brasil donde tuvo oportunidad de interactuar a través de médiums con el Dr. Napoleón Rodriguez Laureano, quien se convirtió en su mentor y guía espiritual.

Posteriormente se mudó al Estado de Texas, en los Estados Unidos y se graduó en la carrera de Zootecnia en la Universidad de Texas A&M. Obtuvo también su Maestría en Ciencias de Fauna Silvestre siguiendo sus estudios de Doctorado en la misma universidad.

Terminada su carrera académica, estableció la empresa *Global Specialized Consultants LLC* a través de la cual promovió el Uso Sostenible de Recursos Naturales a través de Latino América y luego fue partícipe de la formación del **World Spiritist Institute**, registrado en el Estado de Texas como una ONG sin fines de lucro con la finalidad de promover la divulgación de la doctrina espírita.

Actualmente se encuentra trabajando desde Perú en la traducción de libros de varios médiums y espíritus del portugués al español, habiendo traducido más de 220 títulos, así como conduciendo el programa "La Hora de los Espíritus."

Luego da muerte en Alejandro, el hijo a quien amaba tanto, Pedro perdió la voluntad para vivir. Mônica, su esposa, se enamoró de otro hombre. Su hija, de diecisiete años, está embarazada. Devastado, Pedro quiere terminar con la vida, pero, tiempo atrás, prometió a su hijo que no se suicidaría. Ahora decidido a morir, resuelve ayudar a aquellos que están en peligro, en la esperanza de encontrar su propia muerte sin romper su juramento...

Estilo inequívoco, agradable y envolvente, el espíritu Antônio Carlos revela la sorprendente historia de Pedro, sus momentos de duda, sus éxitos y errores.

Episodios aderezados con buen humor y repletos de enseñanzas espirituales revelar que el cielo puede esperar a aquellos que hacen el bien en Tierra, practicando el amor, la abnegación y la fraternidad.

Guiados por Jesús, los benefactores espirituales son las voces que iluminan hombres y usted invitación los practicar los caridad. Por todos los Tierra, en todos en casas en oración

Donde los ley en amor prevalece, allí ellos son ellos, nosotros implicando en tu luz.

Qué los paz del señor ser propenso a nosotros guía en tu dirección, nosotros liberándonos del fanatismo y prejuicios, cizaña que debemos arrancar de nuestro corazón en nombre de la fraternidad universal.

Dedicamos este libro los todos aquellos que aprendieron a amar fraternalmente.

San Carlos, Primavera en 2005.

Índice

1 – El Hijo 7
2 - Otras dificultades 18
3 - Querer morir 27
4 – Pagando la deuda 35
5 - Resolviendo el problema de Isaac 44
6 - Un amigo, Josías 51
7 - La visita 60
8 - El pasado 70
9 - Trabajo voluntario 80
10 - Nuevos amigos 94
11 - Sobre el plano espiritual 104
12 - El regreso de Aline 111
13 - El trasplante 124
14 - El cielo puede esperar 136

1 – El Hijo

Pedro llegó cansado a su casa, se sentó en silla de la cocina y apoyó los brazos en la mesa, suspiró triste.

- Entonces, Pedro, ¿cómo está? ¿Hablaste con Ale? - Preguntó Mônica. Pedro miró a la esposa, estaba calentando el almuerzo, ella también estaba triste.

- Alejandro me pareció como siempre - respondió - pero el Doctor Édio dijo qué nuestro chico empeora cada día. Hablé con nuestro chico, o mejor, yo hablé y Alejandro respondió con asiente, hablando poco, estaba exhausto. ¡Cómo me duele dejarlo allí solo!

- No está solo, Pedro, hay otros niños en la misma habitación - dijo el esposa. - Más allá de eso, hay enfermeras que los cuidan bien y les hacen compañía.

- ¡Compañía! ¡Todos enfermos! – Se expresó Pedro.

- Cómo me gustaría en ser muy rico en esta hora para dar todo a nuestro hijo.

- Te recuerdo que millonario también muere. Además la esposa en tu patrón no falleció el último mes con cáncer? Hacemos lo que podemos por nuestro hijo. Hemos sido buenos padres. Vas al hospital todos los días. ¿Y salió tu retiro?

Mônica cambió de tema. Pedro miró a la esposa. Ella aceptaba mejor las situación.

- Creo que en algunos días más ellos van me van a jubilar - el respondió Pedro

- Sería tan bueno si Alejandro estuviera aquí con nosotros, yo tendría más tiempo para él.

- ¿Ese amigo de Ale, que tiene los ojos verdes? – Preguntó Mônica.

- Así es, Alejandro lo extrañará - comentó Pedro con tristeza y suspiró.

- Pedro - habló Mônica en tono cariñoso - todos sufrimos la enfermedad de nuestro hijo, pero tú exageras. Solo hablas de eso. ¿Has estado saliendo de casa últimamente?

- Solo para ir al trabajo y al hospital. Incluso cuando no es el horario de visitas, se las arregla para quedarse con Ale. Tienes que cuidar de ti también y de nuestra hija. Aline te extraña.

- Aline está sana como tú y como yo, Alejandro no. ¿Por qué, Mônica, no puedo sufrir yo en su lugar? ¿Por qué Dios no permitió que yo me enfermara en lugar de él? No consigo más verlo poniéndole inyecciones. Estamos sufriendo Mônica, pero nuestro pequeño sufre más.

- ¿Lo es, Pedro? – Preguntó Mônica -. Has estado tan angustiado que creo que has sufrido más que él. Yo también amo a nuestros hijos; Si pudiera, sufriría en su lugar él, pero nadie sufre en lugar del otro. Yo creo que todo el mundo tiene que pasar por sus dificultades.

- ¿Llamas dificultades a lo que atraviesa Alejandro? - Preguntó Pedro indignado -. Nuestro niño siente un dolor insoportable, soledad, miedo, tal vez llora solo

- ¡Por Pedro! - Pidió Mônica -. ¡No hables así! ¿Le has preguntado a Ale si siente que estás pensando? Por la forma en que habla, parece que hemos abandonado nuestro hijo. En horario de visitas, Aline y yo hemos estado yendo todos los días y con nosotros están sus tías, abuelos, primos y amigos. Y estás con él durante muchas horas. Nuestro hijo no tiene miedo ni llora solo. Toma la sopa, ¡está caliente!

Mônica puso un plato de sopa frente a Pedro y se alejó.

- "Tal vez- pensó Pedro - realmente no le he hecho caso a nadie más. Pero Alejandro está en primer lugar. ¡Es mi hijo!"

Y siguió pensando, mientras se metía las cucharadas de sopa en la boca. Llevaba diecisiete años casado. Él y Mônica no hacían una pareja perfecta, pero pensaba que se llevaban bien. Tuvieron dos hijos: Aline, que tenía dieciséis años, y Alexander, que tenía once años y estaba enfermo de cáncer de pulmón. Incluso pensó que su esposa tenía razón. Desde que su hijo se enfermó, sus vidas habían cambiado.

Recordó en detalle el día que su niño se sintió cansado mientras andaba en bicicleta alrededor de la cuadra, se quejó de dolor de espalda y dijo que a veces tenía dificultad para respirar. Mônica lo llevó a su pediatra, quien le pidió muchas pruebas. Pensaron que el médico se había excedido, pero lo llevaron a hacerse las pruebas, y el diagnóstico los aterrorizó. Muchos otros profesionales fueron consultados y optaron por el que consideraron mejor tratamiento. Alexander luego pasó períodos en casa y otros en el hospital. Ahora sabían que nunca volvería a casa. "No voy a dejar de trabajar - pensó Pedro -, ahora no, a los cuarenta y cuatro años, muy joven, pero tengo años de servicio, empecé a trabajar muy joven. Y con Alejandro enfermo, opté por retirarme para poder cuidarlo".

Con la enfermedad de su hijo, Pedro cambió su rutina: iba a la fábrica a las cinco y tenía media hora para almorzar. Siempre había sido un gran empleado, y todos sus colegas ellos sabían la dificultad por la que estaba pasando y lo ayudaron. Hizo esto para poder salir temprano e ir al hospital y se quedaría allí hasta las ocho.

Luego se fue a casa, cenó, me duchó y se fue a dormir. También trabajaba los sábados para mejorar su salario con horas extras. Y los domingos, todo el día en el hospital. Para entrar fuera del horario de visitas, hizo amigos y actuó como voluntario, ayudando en la sala donde estaba su hijo.

Terminó de cenar y se fue a dormir, pues estaba muy cansado.

El día siguiente transcurrió como los demás, pero cuando Pedro llegó al hospital, cambió su rostro, se arregló la ropa y el cabello, sonrió, caminó por los pasillos.

Saludaba a todos y, cuando se encontraba con un paciente, se detenía y le preguntaba cómo estaba; escuchó atentamente la respuesta, lo mimó y animó con cariño:

- ¡Tenga paciencia!
¡Usted mejorará!

- ¡Es así mismo!

- ¡Confíe en Dios!

Llegó al pabellón donde estaba su hijo. Se acercó sonriendo. Alejandro sonrió, sus ojos brillaban.

Después de besarlo, se acercó a los demás, riendo, hablando, contándoles a todos un hecho divertido que sucedió en el autobús. Vi dibujos, enderezó sábanas, volvió a recordar del hijo lo que le había dicho Mônica: que su hijo no se sentía solo. Quería saber de él y le preguntó:

- Alejandro, ¿te sientes solo cuando no tienes visitas?

- ¿Solo? - dijo Marquiños riendo, respondiendo por Alejandro -. ¿Aquí en esta habitación con los siete? ¡No me siento a mí mismo!

- Nos hacemos compañía. Cuando uno llora, los demás consuelan y pasa el tiempo - opinó César.

- Prefiero quedarme aquí que quedarme solo en una habitación. Cuando voy a casa, extraño a este grupo - dijo Mauriño.

Pedro miraba con cariño a esos niños enfermos, eran todos niños de entre nueve y trece años, enfermos, con cáncer.

- ¿Y tú, Pedrón, agrio como el limón, te sientes solo?

- ¡No! - Respondió Pedro.

Pedro palmeó a Marquiño, el chico que le había hecho la pregunta.

Tenía cáncer de huesos, era un negro guapo; incluso enfermo, era alegre y su sonrisa cautivadora. Volvió con su hijo, lo miró, esperando que respondiera.

Alejandro estaba sin aliento, acostado sin ganas de sentarse. Respondió haciendo un esfuerzo por superar las dificultades que tenía para hablar.

- Papá, no me siento solo, no tengo miedo, en la noche se queda esa lucecita en la pared. Después vienes todos los días a verme. No necesito nada si eso es todo lo que quieres saber.

- Pero sientes dolor, te ponen tantas inyecciones...

Lloró el padre en voz baja.

- Todos los que se enferman también reciben inyecciones - dijo Alexander -. Y este tratamiento terminará. Volveré a estar sano, aunque sea en el cielo. Tú sabes papi, el cielo sin inyecciones? Estoy deseando ir allí.

- No hables así. Te mejorarás y volverás a casa. ¿Quién te dijo esto? - Preguntó Pedro con curiosidad.

- El Doctor Édio - respondió Marquiño. Es muy bueno, nos consuela. Siempre dice que Dios es un Padre amoroso y que nos ama, que no debemos tener miedo de nada y ciertamente si morimos iremos al cielo.

- Pero ¿de eso habla un médico? - Dijo Pedro asombrado.

- Lo dijo porque se lo pedimos - dijo Marquiño, defendiendo al médico.

Pedro también admiraba al médico antes mencionado. Además de competente, era educado, sencillo, tranquilo, trataba a los niños con mucho cariño y lo amaban.

- ¿Por qué no te gusta hablar de la muerte papi? - Preguntó Alejandro -. Todo el que nace muere. Creo que seguimos viviendo allá en el cielo. Y si muero primero que tú, desde el cielo, te estaré vigilando.

- ¿Vigilando? ¿Es posible? - preguntó César.

- Mirando, sí - respondió Alejandro -. Dios no separa a los que se aman.

Estoy seguro que podré cuidar de mi padre. Y evitará que hagas algo mal.

- ¿Cambiemos de tema? ¿Vamos a cantar? - sugirió Pedro cambiando el rumbo de la conversación.

La guitarra de Alejandro estaba encima de un tocador, Pedro la tomó y se la dio a César para que la tocara. Alejandro no había podido cogerla durante días, cantaban con alegría al son de la guitarra.

Pedro jugaba con los niños, les hablaba, les prestaba atención.

Cuando llegó el momento de irse, les dio un beso de despedida a los niños y besó a su hijo muchas veces.

- ¡Dios te bendiga, hijito!

Alejandro sonrió, su respiración era dificultosa. Pedro sonrió.

- ¡Hasta mañana, mi niño! ¡Duerma bien!

Cuando salió del hospital, su rostro cambió de feliz a cansado y triste.

El domingo, cuando llegó a la recepción del hospital, recibió un mensaje que el Dr. Édio quería hablar con él y que lo buscara en la habitación tres. Pedro siguió hacia allá. El médico lo estaba esperando. Después de los saludos, fue directo al grano.

- Señor Pedro, Alejandro está en una fase terminal. Siento tener que decírselo, pero sabía que esto iba a pasar, como también sabes que cuando el enfermo está peor se transfiere. Vamos a tener que hacer eso con Alejandro.

Pedro era consciente de esta providencia. Ya había visto a dos niños trasladados a otra ala del hospital. Para no asustar a los demás compañeros, los enfermos terminales se mantuvieron en habitaciones separadas. Pedro sintió un nudo en la garganta, se sintió mareado y el médico lo apoyó.

- Sr. Pedro, trate de ser fuerte, ha sido un ejemplo para otros padres, es dedicado, nos ha ayudado. No debería quedar así. Anímate y ven con nosotros lleva a Alejandro a otra habitación.

- Mi hijo se va a morir... - se quejó Pedro con voz lastimera.

- ¿Quién no? - Preguntó el médico -. ¿Crees que no? Al principio, cuando me gradué, pensé que estaba perdiendo la batalla contra la muerte, hasta que me di cuenta que es solo el cuerpo de carne y hueso que muere. Tenemos un alma, y sobrevive. ¡Seguimos viviendo! Por favor, señor Pedro, no esté tan triste y desanimado. Quisiera que los padres fueran como tú, el mundo sin duda sería mejor.

- Ojalá hubiera estado enfermo en su lugar.

- Que sufra menos, porque creo que él sufre más que su hijo - dijo el doctor Édio -. Todo lo que nos sucede tiene una causa; la enfermedad es una forma de aprender a dar valor para la salud o incluso para que el alma se haga luz y suba al cielo cuando el cuerpo físico muera.

- ¿Realmente crees eso? - Preguntó Pedro.

- ¡Sí creo! - afirmó el médico -. Somos alma y cuerpo. Cuando este cuerpo muere, el alma se libera y puede ir a muchos lugares, y nuestros hijos solo pueden ir a un lugar hermoso. ¡Yo creo en eso! Tengo fe y esperanza, de lo contrario, señor Pedro, aquí no podría ser útil.

- ¿No es injusticia que los buenos mueran y los malos se queden? - Preguntó Pedro. Un empleado que limpiaba la habitación, se metió en la conversación y opinó:

- ¡Dios también quiere el bien con Él!

El doctor Édio esbozó una leve sonrisa y respondió hablando cariñosamente:

- Dios está en todas partes y no en un lugar específico. Las personas amables que comprenden las verdades divinas sienten a Dios dentro de sí, en todos y en todo. Aquí, en este plano en el que vivimos, existen seres buenos y aquellos que aun no han despertado a la necesidad de ser útiles para el bien. Dios ama a todos, tanto los que intentan mejorar como los que pensamos que son malos. La misma respuesta se puede dar a la pregunta de por qué algunos mueren jóvenes.

Yo creo que es por la necesidad de cada uno, de cada alma. A veces, viendo solo el presente, pensamos que somos felices o que hemos recibido una injusticia.

Pero, la vida es pasado, presente y futuro. Del pasado que olvidamos, ¡y qué lleno de recuerdos debe estar!

El futuro será lo que construyamos en el presente. Vivir aquí y luego tener este cuerpo muerto y vivir allá, en el más allá, son fases de la vida. Es una ley natural - ¡es para todos!

- ¡Mi hijo tenía tantos sueños! Y yo, ¡cuánta esperanza de verlo formado como tú! - Volvió a lamentar Pedro.

-¿Espera que sea importante? - Preguntó el médico -. Aunque Alejandro muriera viejo, a los ochenta años, ¿no sería fugaz su estancia aquí?

¿Por qué, señor Pedro, usted cree que todo se acabó para su hijo? Si la vida continúa, podría ser útil en el otro lado.

- ¿En el cielo? - Preguntó Pedro.

- En un lugar donde la gente buena siga viviendo. Creo en esa supervivencia donde hay trabajo, estudios y oportunidades. Veamos ahora a Alejandro.

Los dos cruzaron pasillos y, al entrar al baño de los chicos, sonrieron. Unos se sentaron, otros se levantaron de sus camas.

- ¡Buenos días chicos! - Saludó el Doctor Édio en voz alta -. ¿Cómo están estos hermosos muchachos? ¿Qué pasa, van a responder o tengo que hacerte cosquillas?

- ¡Buen día! - respondieron algunos también hablando en voz alta. Otros respondieron:

- ¡Quiero cosquillas!

- ¡Solo respondo después del beso!

- ¡Hola, Pedrón, cara de pan!

- Muchachos - dijo el doctor Édio -, Alejandro le van a hacer unas pruebas, lo vamos a llevar y luego el travieso va a una habitación donde tiene un nuevo aparato que lo ayudará a respirar mejor. Así que estará lejos de ustedes por unos días. Vamos Alejandro, mi príncipe, a los exámenes. Te lo prometo, no recibirás inyecciones.

Entrarás dentro de una máquina y veremos sus huesos. A ver si hay esqueleto o salchicha sujetando las carnes.

Los niños rieron, Alejandro incluso con dificultad sonrió, el doctor Édio lo recogió; una enfermera lo ayudó y lo subieron a la camilla.

Alejandro se despidió de sus compañeros. Un niño le jaló los pantalones a Pedro y le preguntó:

- ¿Alejandro va a morir?

- ¡Claro que no, Luís Mário, volverá!

- Señor Pedro, venga a quedarse un ratito con nosotros, cante con nosotros, pidió Marquiño.- ¡Venir!

Alejandro se instaló en otra habitación, una pequeña con dos camas. El doctor Édio le hizo una seña a Pedro y los dos salieron al corredor.

- Hable con él, Sr. Pedro. Pronto lo sedaremos y le pondremos dispositivos para que pueda respirar mejor. Tal vez ya no pueda hablar.

Pedro no sabía de dónde sacar fuerzas para acercarse a su hijo que lo miraba sonriendo. Hablaba con calma sosteniendo la manita izquierda del niño porque la otra estaba con suero

- Alejandro, te sentirás mejor aquí, hijo mío. Estaré contigo.

- Papá, no te preocupes. Creo que quiero morir. No está mal querer morir. El pecado es matarte a ti mismo. Volví a soñar que me suicido y por eso me muero así.

- Papá, no quiero que te mates. Seré feliz cuando muera. ¡Si voy!

- ¡Serás feliz, hijo mío!

Alejandro, después de la medicina, se durmió. Su cuerpo se sentía agitado; su respiración era dificultosa, pero su rostro estaba tranquilo. Pedro se quedó allí, de pie junto a la cama mirando al hijo. Había hablado muchas veces sobre este extraño sueño. Nadie entendió. Alejandro soñó que estaba sano, fuerte y se suicidó, ahogado hasta la muerte. Y cada vez que contaba el sueño, decía que por eso estaba enfermo.

"Pero ¿cómo? - pensó Pedro - ¿Cómo se suicidó Alejandro, si era un niño enfermo y luchaba por vivir? ¿Habría sucedido esto en otra vida? ¿Será que vivimos otros tiempos en otros cuerpos en la Tierra? ¡Estos sueños son muy raros!"

A la hora de la visita, Mônica y Aline llegaron y lo abrazaron.

- No sabíamos que habían trasladado a Ale - dijo Mônica.

- Fuimos a la otra habitación, los chicos nos dijeron y pidieron que les demos un mensaje: para que vayan más tarde a cantar con ellos. Una enfermera nos explicó por qué vino aquí y nos mostró la habitación.

Mônica besó a su hijo en la frente y se secó la cara. Las lágrimas brotaron profusamente. "Ella puede llorar, tiene la bendición de ese alivio, yo no puedo llorar"- pensó Pedro.

- Papi, te traje este sándwich. ¡Come por favor! – Pidió Aline. La hija lo hizo sentarse y comer.

- Quedémonos aquí con Ale. Ve al baño de los chicos, te están esperando – dijo Aline.

Pedro fue. Muchos de los chicos tenían visitas; habló con los que estaban solos, tratando de transmitir una alegría que no sentía y, como siempre lo hacía, veía dibujos, jugaba e incluso cantaba con los niños para que los visitantes escucharan.

Regresó con su hijo cuando terminaron las horas de visita, para que no estuviera solo, porque Mônica y Aline tenían que irse.

La otra cama estaba ocupada por un joven. Habló con él, tenía quince años, su familia vivía lejos y estaba allí para un mejor trato.

Pedro sostuvo su mano mientras estaba medicado. También estaba sedado, ya que tenía mucho dolor y estaba en estado terminal.

Pedro se sentó en medio de las dos camas y oró, pidiendo protección para los dos y fortaleza para él. No había nada que hacer, pero era reconfortante estar al lado de su hijo.

Recién salió a las ocho, cuando la enfermera le pidió que se fuera a descansar.

El miércoles, cuando fue a trabajar, recibió la noticia que se había jubilado. Los compañeros lo saludaron.

- Lástima que no podamos organizar una fiesta para ti.- ¡No nos olvides!

- Ven a vernos.

- Cuando tu hijo sane, ¡celebremos!

El jueves fue temprano al hospital, tomó un refrigerio y se quedó en la habitación de su hijo. Después de un rato fue a la enfermería. Los chicos estaban felices de verlo y les dijo que Alejandro estaba mejor.

Alejandro nunca se despertó. Pedro lo miró; el hijo era tan diferente... La enfermedad había cambiado su cuerpecito, la palidez le había quitado a su rostro la vivacidad de tu tez negra. Pedro era negro; Mônica, morena. Aline nació mulata y Alejandro lo siguió, un hermoso hombrecito negro. Lo besó, habló con él.

Frases suavemente cariñosas. El hijo no dio señales de escuchar o sentir nada, ya que estaba en coma.

2 - Otras dificultades

El sábado temprano, cuando Pedro llegó al hospital, la recepcionista lo recibió con una sonrisa. Él la conocía, se llamaba Cida, a veces hablaban, escuchaba sus quejas, estaba físicamente impedida, tenía parálisis infantil y tenía dificultad para caminar y relacionarse con otras personas. Esta vez, ella solo le dio el mensaje:

- Señor Pedro, el Doctor Édio le pidió que fuera a la enfermería antes de ir a la habitación de Alejandro.

Era la sala donde había estado su hijo. Dirigido allí. Los chicos estaban despiertos. Muchos de ellos no habían dormido en toda la noche. Uno de ellos fue suficiente para recibir medicina por la noche para despertar a los demás. Estaban sirviendo el desayuno, los muchachos al ver a Pedro sonrieron a modo de saludo.

- ¿Cómo estás? - Preguntó Pedro.

Hubo muchas respuestas y algunas quejas que Pedro escuchó y comentó con palabras de aliento.

- Pedro, ven aquí un momento - pidió Marquiño.

- Quiero contarte un sueño que tuve esta mañana.

- ¿Cómo sabes que era de mañana? - Preguntó Pedro sentándose al lado de su cama.

- Y porque la enfermera Mara me dio medicina a las seis y luego me dormí y soñé. Fue con Ale. En el sueño, entró aquí, vestía ropa, no pijama.

Vistió una camisa azul de manga larga. Era muy guapo, sonrojado y más gordo. Entró en la habitación, sonrió y se despidió con la mano y, al ver que lo había visto, me mandó un beso y se fue.

Es curioso cómo no caminaba por el suelo, caminaba por el aire. En la puerta, había dos personas de aspecto amable esperándolo. Si lo vi sano, eso es buena señal, ¿no?

- ¡Debe ser, Marquiño! ¡Fue un sueño hermoso!

Pedro sintió una opresión en el pecho, se despidió de los chicos y se dirigió rápidamente a la habitación de su hijo. En el pasillo, antes de entrar a la habitación, una enfermera lo llamó:

- ¡Señor Pedro, por favor!

- ¿Que pasó? ¿Alejandro empeoró? - Preguntó angustiado.

- No creo que haya empeorado, seguro que ya estará bien - respondió la enfermera.

- ¿Murió? - Preguntó Pedro, apoyándose contra la pared.

- Alejandro descansó, ahora seguro que ya no sufre. Su hijo falleció a las siete en punto. Le pedimos que pasara primero por la enfermería para que pudiéramos apagar el artilugio. Llamamos a su hermana y dejamos un mensaje de teléfono. ¿Quieres verlo? A continuación, le enviaremos al servicio funerario.

Pedro le dio las gracias y entró en la habitación. Vio a Alejandro tirado en la cama sin el suero, sin el equipo. Su pequeño hijo estaba tranquilo, con una leve sonrisa en los labios.

Lo besó.

- ¡Dios te bendiga, hijo mío!

Miró al chico de la cama de al lado, que estaba en coma y pronto podría morir también. Lloró suavemente. Se sintió abrazado, miró y vio a su hermana Nilza.

- ¡Pedro, fuerza, hermano mío! Pasé por tu casa, Waldemar del bar ya le había dado la noticia a Mônica. Le traje ropa para ponerle a Ale. A ver si te gusta Pedro miró, vio la camiseta azul y recordó el sueño de Marquiño.

- La camiseta que le regaló por su cumpleaños nuestro hermano Jonás, que fue su padrino. Vale, creo que eso es lo que quería que le enterraran. ¡Gracias!

- Pedro, mi esposo fue a la funeraria y luego irá al cementerio. Enterraremos a Alejandro en las tumbas de nuestros padres. ¿Estás de acuerdo?

- Sí, estoy de acuerdo. Ni siquiera sé cómo agradecérselo a ti y a Oscar. Nilza, tienes un buen marido. Pero, no tengo dinero.

- Pedro, llamé a Jonás. No podrá venir, está demasiado lejos y no llegará a tiempo para el entierro. Me pidió que pague todo, que él enviará el dinero.

No te preocupes, nuestro hermano se lo puede permitir. También me dijo que los abrazara por él.

Se abrazaron. Minutos después, llegaron a buscar el cuerpo de Alejandro.

- Anda, Pedro, te acompaño a tu casa para que te cambies de ropa y podamos ir al velatorio - pidió Nilza.

Pedro acompañó a su hermana como un autómata. En casa, Mônica y Aline lo abrazaron, los tres lloraron juntos. Los vecinos llegaron ofreciendo ayuda.

Se cambiaron de ropa, cerraron la casa y fueron con Nilza al velorio.

Esperaron treinta minutos y llegó el cuerpo de Alejandro. Muchas flores adornaban el ambiente.

- ¡Al está sonriendo! - Exclamó Mônica.

- ¡Se ve feliz! - Aline comentó.

- ¡Creo que se fue al cielo, como él quería! Veo en ese ataúd solo un cuerpecito sin vida - dijo Pedro.

La sensación que tuvo Pedro fue que estaba anestesiado. Me sentí como si fueran dos personas - una, que estaba desesperada; otra, tranquila ante lo inevitable.

Disfrutaba recibir saludos y abrazos de amigos, quienes le daban fuerza y ánimo.

Pedro se quedó todo el tiempo en el velorio cerca del ataúd. Vio que el pequeño novio de Aline se quedó a su lado, muy atento. Le gustaba Zé Carlos, su yerno.

También notó que Mônica apenas se quedaba a su lado y que Arnaldo, un tendero del barrio, estaba mucho a su lado.

Llegó su otro hermano, que vivía en una ciudad cercana, pero Jonás no vino, porque vivía lejos, en otro estado. Los familiares lloraron, todos sintieron el paso de Alejandro

Doña Jandira, una vecina que todos decían que tenía una religión que hablaba con los muertos, seguidora del Candomblé, se acercó a Pedro, lo jaló del brazo, lo hizo sentar y le ofreció una taza de café.

- ¡Gracias! - Expresó agradecido Pedro. El café fuerte y caliente le hizo bien.

- Pedro - dijo doña Jandira -, ves en ese ataúd solo un cuerpo cuya alma emigró. Hay una vestidura del espíritu, una vestidura atesorada, pero que no es la persona.

Somos espíritus y vivimos aquí y en la espiritualidad. No perdemos a las personas que amamos. Alejandro no los abandonó, ahora, libre, seguirá viviendo en el Más Allá y mucho mejor que aquí. Y cuando nuestros afectos viven mejor, debemos pensarlo bien.

- ¡Gracias! - agradeció a Pedro.

Pedro la miró atentamente mientras hablaba, no entendió bien lo que dijo la vecina, pero se sintió reconfortado. De una cosa estaba seguro: su hijo estaba bien, no había razón para que no lo estuviera... Un chico que no pecó, que murió después de meses de sufrimiento. Le dio la taza vacía a Jandira, se levantó y se fue cerca del ataúd. Y tuvo la sensación que solo había una prenda, que su Alejandro, el espíritu que amaba, estaba en otro lugar: en el cielo, con certeza.

Nilza y Oscar, su esposo, se encargaron de todo y decidieron, luego de consultar a Pedro y Mônica, que el entierro fuera ese mismo día, al final de la tarde.

Era verano, el día era más largo y el entierro estaba previsto para las seis y media.

El sacerdote de la iglesia a la que asistía Mônica fue a orar y consolarlos. Leyó el Evangelio y una hermosa oración pidiendo a Dios que acoja a Alejandro en su reino y apoyar a la familia en duelo. Se sintieron muy reconfortados con la presencia del sacerdote, especialmente Mônica, que era muy católica. El vicario los abrazó y le dijo a Pedro:

- Señor Pedro, sé de tu dedicación a tu hijo, ahora que se ha ido, tendrá tiempo y quiero verlo en la iglesia.

- ¿Crees que Alejandro está en el cielo? - Preguntó Pedro.

- Por supuesto. Alejandro es digno de este regalo.

Pedro quiso indagar más, pero había mucha gente reunida y era hora de despedirse. Mônica lloró mucho, Pedro abrazó a Aline y los dos lloraron en voz baja.

Se quedaron allí junto al sepulcro hasta que el sepulturero terminó su trabajo. Nilza los jaló y se los llevó a casa. Tuvo que volver a su casa, se despidió y los tres se quedaron solos.

Aline abrazó a su padre y le habló cariñosamente:

- Papá, el doctor Édio me dio una medicina para que te la dé. Toma una ducha larga mientras mamá y yo preparamos algo para comer; luego toma la medicina y duerme.

Pedro hizo lo que su hija le pidió.

- ¿Quieres dormir en nuestra habitación o en la de Ale? - Preguntó Mônica.

- ¿Por qué? - Preguntó Pedro mirando a su mujer.

- Debes descansar Pedro, no me voy a acostar ahora y no quiero molestarte.

- Voy a dormir en la habitación de Alejandro.

Mônica rápidamente hizo la cama, Pedro se acostó y se durmió. Despertó, se levantó, fue a la cocina donde Mônica, Aline y Nilza conversaban en voz baja.

- ¡Por fin desperté! - exclamó la hermana. Dormiste dieciséis horas. ¿Estás mejor?

- Gracias, mi hermana, estoy bien - respondió Pedro -. Que gusto despertar y encontrarte aquí.

Almorzaron en silencio.

- Estoy un poco perdido, no sé qué hacer. Retirado, ya no voy a la fábrica y ahora ni siquiera voy al hospital - se quejó.

- Pronto te acostumbrarás. Es nuevo y deberías encontrar algo que hacer – opinó Mônica.

Recibieron visitas: de familiares, vecinos y amigos. Pedro contó infinidad de veces cómo fue el trato, los días de Alejandro en el hospital y su muerte.

No creía que esas visitas fueran necesarias cuando una familia estaba de duelo por la muerte de un ser querido, pero cambió de opinión.

Eran consoladoras, y le hacía bien hablar, porque calmaba su dolor.

Por la noche volvió a tomar la medicina y durmió en la habitación de su hijo, le gustaba estar ahí en el lugar donde dormía su chico.

El otro día fue lo mismo: visitas y conversaciones. Pero al tercer día, después de la cena, Mônica dijo:

- Pedro, Aline y yo necesitamos hablar contigo.

Los miró, ambos estaban serios. Se quedaron en silencio por un momento.

Mônica suspiró, le costaba hablar. "¡Debe ser grave! No sabe cómo empezar", pensó Pedro.

- Pedro - continuó hablando Mônica -, ¡Aline está embarazada!

- ¡¿Embarazada?! ¡Pero es una niña! - Él exclamó.

- No, tanto que quedó embarazada. Es en el quinto mes. No te fijaste en ella, la barriga ya se está mostrando.

- ¿Tú lo sabías? - Preguntó Pedro.

- Sí, no tuvimos el coraje de hablar contigo, ya no le prestabas atención a nada. No te critico, fuiste un buen padre para Ale.

- ¿Estabas molesto, papá? No quise lastimarte - dijo Aline suavemente con la cabeza gacha.

- Aline - dijo Mônica -, sabes que yo estaba más disgustada por ti. Tiene solo dieciséis años, es una adolescente que debe pensar en estudiar, salir y divertirse.

Luego, Zé Carlos también es joven y trabaja con su padrastro, a quien encuentro antipático. Va a vivir en una casita en la parte de atrás de la casa de su suegra. ¡Buen comienzo de vida! ¡No creo que sea malo para mí, me siento triste por ti!

Aline lloraba, Pedro la abrazaba consolándola y le decía cariñosamente:

- Hijita, lo siento si estabas en problemas y ni me di cuenta. ¡Te amo mucho también! Tu madre tiene razón, pero ahora ha sucedido. El bebé viene y tú serás una buena madre y la madre más hermosa del mundo! ¿Que planeas hacer?

Fue Mônica quien respondió:

- Si estás de acuerdo, ella partirá hoy para la casa de Zé Carlos, los dos arreglarán las habitaciones en la parte trasera de la casa de Luzia, su madre, y vivirán allí. Por ahora no se casarán.- ¿Estás de acuerdo? - Preguntó Aline.

- ¡Claro hija! Haz lo que creas que es mejor.

- Zé Carlos vendrá a buscarme pronto y me iré con él. Es mejor así, papi. El barrio está hablando.

- Bueno - dijo Pedro -, fue una sorpresa. Uno se fue y otro viene! ¡Este bebé nos traerá alegría!

- Tengo otra noticia para ti, Pedro – informó Mônica, seria -. Quizá sea peor que el embarazo de Aline.

- Mônica - dijo Pedro -, lo de Aline no estuvo mal.

Cuéntame pronto, ¿qué pasó o pasa que no lo sé?

- Pedro - murmuró Mônica lentamente, mirándolo -. No hemos estado viviendo bien por un tiempo. Es que... ¡Me enamoré de otro hombre y quiero vivir con él!

- Mamá, ¿es esto realmente lo que quieres? ¿Está seguro? preguntó Aline. Mônica asintió con la cabeza. Ellos estaban en silencio. Ninguno de los tres se atrevió a hablar. Después de segundos, que parecieron horas, Pedro, que aun la miraba, logró hablar:

- ¿Arnold?

- Sí - respondió ella -. Arnaldo y yo nos hemos estado reuniendo. Él me dio fuerza en este período difícil. Nosotros nos amamos. No te lo dije antes porque Ale estaba enfermo y estabas tan angustiado que no tuve el coraje. Ahora ya no hay nada que esconder, todos por aquí lo saben y Arnaldo quiere que me vaya a vivir con él. ¡Perdóname Pedro, pero pasó!

- ¿También te vas? ¿Hoy?

- Sí, ya tengo todo arreglado, solo llevaré mi ropa. Quédate aquí en la casa.

- ¡¿Solo?! - Preguntó Pedro en voz baja.

Llegó Zé Carlos y Aline le hizo una seña que ya se lo había dicho.

Se saludaron.

- ¡Vamos, Zé Carlos, estoy lista! Papá, vendré a buscar el resto de mis cosas más tarde, te llamaré para decirte el día y la hora.

Besó a sus padres y se fue.

- Yo también me voy. He empacado todo lo que creo que necesitaré. ¡Adiós, Pedro! Mônica se fue. Pedro se quedó allí en la cocina.

Quería llorar, pero no podía.

- No creo que tenga más lágrimas - dijo con tristeza.

Se levantó y dio la vuelta a la casa, cerró las ventanas, el portón, la puerta principal. ¡Es mejor que piensen que no hay nadie en casa, no quiero visitas!

No quería hablar ni escuchar comentarios sobre el embarazo de su hija o que su esposa lo engañaba y se había ido de casa. Ciertamente, aunque la gente no hablara, lo pensarían: perdió a su hijo, su hija quedó embarazada y su esposa infiel lo abandonó. Volvió a la cocina, lavó los platos.

- "¿Cómo no me di cuenta que Aline estaba embarazada y que Mônica estaba enamorada de otro? Esperaron a que Alejandro muriera para irse a vivir juntos" - pensó indignado.

Fue a la sala a encender la televisión, pero no entendía nada. Decidió dormir y fue a la habitación de su hijo.

- ¡Estoy solo! - se lamentó -. Cómo duele la soledad y cómo extraño a mi hijo.

En el lugar donde estaban las medicinas, Pedro encontró lo que el Doctor Édio le había dado para dormir. Solo había una pastilla. Se preparó para la cama, eran las ocho, tomó la medicina.

Quería olvidar tantas malas noticias.

3 - Querer morir

Pedro se despertó a las cinco de la mañana. Poco a poco, fue recordando todo: el embarazo de su hija y su mudanza a la casa del novio de ella, cuando Mônica lo había abandonado y que estaba solo.

- ¿Qué hago con mi vida? Ni siquiera puedo volver a trabajar, ¡porque me jubilé! Se quedó despierto en la cama durante algún tiempo, pensó mucho y concluyó:

- ¡Quiero morir!

¡Pero Pedro temía suicidarse! Recordó a Alejandro y sus sueños. El hijo había soñado muchas veces que se había suicidado y que por eso iba a morir joven y que padecía la enfermedad. Y su sueño se hizo realidad.

¿Por qué? ¿Qué misterio era este? ¿Por qué el hijo soñó con este hecho? ¿Por qué sucedió como en su sueño? Preguntas sin respuesta.

- ¡Alejandro! - Murmuró Pedro -. ¡Qué nostalgia! Que ganas de verlo sonriéndome. ¡Yo prometí! Sé que hice la promesa más de una vez. ¡Y la cumpliré!

Recordó una de las conversaciones con su hijo, cuando aun no estaba enfermo y después de haberle contado su extraño sueño. Alejandro le habló a su manera amable:

- Papá, no debemos matar nuestro cuerpo. Solo quiero morir cuando Dios me llame. Así debe ser. Matar a un ser vivo es un pecado grave que causa muchos sufrimiento. ¡El suicidio es homicidio! Prométeme a mi padre que nunca te suicidarás.

- Por supuesto que lo prometo – respondió -, no quiero morir, e incluso si lo hago algún día, no me suicidaré.

El hijo sabía que el padre cumpliría su palabra. Y Pedro tuvo la sensación que su chico estaba más tranquilo con su promesa.

- ¡Lo prometí y lo cumpliré! - Dijo Pedro en voz alta -. Quiero morir, pero no quiero suicidarme. ¿Qué debo hacer entonces? Es pensar que encontraré la solución. El tiempo no es extraño!

"¡Morir! - Él pensó -. ¡Qué misterio es la muerte! No hemos terminado con eso, estoy seguro.

Las religiones deberían explicarnos mejor en lugar de decirnos que creamos. Hay religiones que lo explican! Creo que debí haber buscado una fórmula que me hiciera comprender este gran misterio que es la vida de ultratumba. Pero ahora no tengo nada que buscar

Yo mismo sabré cómo es, ya que pronto me iré al otro lado."

- ¡Muerte! - exclamo suspirando -. ¡La quiero! ¿Por qué no me llevas? Muchos no lo quieren y tú, mal, llévatelos. ¡La quiero! ¡Sé caritativa y llévame cerca de mi hijo!

Se rio y siguió hablando:

- ¡Creo que estoy loco! ¡No, no estoy! ¡Solo sufro! ¡Le hablo a la muerte como si fuera un ser, pero no lo es! La muerte es el fracaso del cuerpo de carne, algo que sucede y cesa en sus funciones, ya sea por enfermedad o por accidente. Alejandro, aunque joven, tenía las ideas de un adulto. Matar debe ser realmente un pecado grave, con consecuencias dolorosas. Asesinar a una persona es destruir el cuerpo físico que se usa para vivir aquí. Suicidarse es destruir la oportunidad que Dios da.

¡Está decidido! Buscaré la manera de morir. Si planeo bien, puedo engañar a la muerte.

Ella tendrá que llevarme sin tener elección. Y nadie podrá decir que me suicidé, porque no cometeré ese acto cobarde. Moriré y preferiblemente como un héroe.

Más emocionado por su decisión, se levantó, preparó café y caminó por la casa durante horas, de un lado a otro. Abrió los gabinetes para justo después cerrarlos; encendía la radio, la televisión... nada estaba bien. Sacó comida de la nevera, la calentó y almorzó.

"Nadie – pensó –, sentirá mucho mi muerte. Aline tiene a Zé Carlos y pronto el bebé; Mônica tiene un nuevo marido; mis otros familiares y amigos tampoco me extrañarán. No debo llorar por Alejandro ni extrañarlo, porque pronto estaremos juntos."

En la tarde, terminó de prestar atención a las noticias locales, el locutor habló del riesgo que enfrentan los vecinos de un barrio cuyas casas y chabolas estaban en la ladera de un cerro que estaba en zona de riesgo. Prediciendo lluvias, los vecinos tenían miedo.

Pedro fue al patio trasero, miró al cielo, nubes oscuras anunciaban que pronto vendría una tormenta.

- Voy a la colina donde las casas están amenazadas - dijo en voz baja -. Ayudaré a esos residentes; si hay un derrumbe, estaré adelante. ¡Bonita manera de morir!

¡Y seguramente moriré! Si muchas personas que no quieren morir en estos accidentes, yo, que quiero, moriré, y como un héroe. Salvaré a la gente que quiera vivir. ¡Es eso!
¡Voy allí!

Pedro tomó dinero para el viaje, cerró la casa y fue a la parada del autobús. Pero para llegar al barrio lejano, tuvo que tomar dos buses, y la lluvia empezó fuerte. Cuando llegó al barrio ya estaba oscuro y tuvo que caminar unos diez minutos para llegar al lugar, las casas amenazadas. Vio a muchas personas tristes y asustadas que bajaban de la colina, cargando objetos, algunos muebles y ropa. Tenían pocas cosas, pero lo era todo para ellos.

Pedro subió y ya corría mucha agua fangosa por las escaleras. Ayudó a bajar a una anciana, la dejó en la calle estrecha. Subió de nuevo.

- ¡No deberías subir, es peligroso! - aconsejó a un hombre que bajó - Pedro sonrió en respuesta y continuó. En la misma zona de riesgo, iba de casa en casa, o mejor, de choza en choza.

- ¿Hay alguien ahí? ¿Necesita ayuda? - Él gritó.

Al no obtener respuesta, se dirigió a otro. La lluvia era muy espesa y el agua que bajaba había aumentado. Saltó ágilmente por las escaleras, que ahora parecían un río caudaloso fuerte. Cuando se le preguntó de nuevo, escuchó:

- ¡Ayuda! ¡Me ayuda! - Gritó una mujer.

Forzó la puerta y entró en la choza. Vio a una mujer con dos niños.

- ¡Señor, por Dios, ayúdeme! - La mujer habló rápidamente -. Tengo un pie roto. Tengo dos hijos conmigo. ¡Hijitos míos! Pensé que no tendría que irme choza, pero parece que está a punto de colapsar. Mi bebé solo tiene trece días.

Pedro pensó rápidamente. Tomó una sábana, la amarró a su pecho, colocó al niño de tres años sobre su espalda y al bebé sobre su pecho; puso su brazo izquierdo alrededor de la cintura de la mujer y salieron de la choza. Ya no podían usar la escalera, nadie podía usarla, la corriente tiraría a cualquiera que se atreviera a ir por ese camino.

Estaba muy oscuro, ya que las escasas farolas de la calle se habían apagado.

- ¿Por dónde podemos bajar? - Pedro le preguntó a la mujer.

- Por aquí, señaló hacia la izquierda. Creo que podemos.

Pedro arrastró a la mujer. Los niños estaban llorando. Se alejaron unos cuarenta metros y la choza en la que se encontraban; se derrumbó con tres más.

- ¡Tal vez sea más seguro aquí! - Dijo la joven madre.

Pedro vio que no lo era. La mujer quería quedarse debajo de una gran roca. Si esa piedra rueda, nos mata. Yo quiero morir, pero ellos no. Intentaré salvarlos. Luego vuelvo y muero. ¡No! Si vuelves solo para morir, es un suicidio. Ahora no es el momento de pensar en eso. ¡Debo salvar a esta madre con sus hijitos!

Un relámpago iluminó el lugar, y Pedro pudo ver un camino por donde no corría agua. Fueron allí y bajaron lentamente.

- Esta es la choza de Doña Mariquiña. Efectivamente, ella tampoco se fue. ¡Doña Mariquiña! - gritó la chica frente a una choza.

La joven madre obligó a Pedro a dar pasos hacia la choza. Empujó la puerta para abrirla. La luz de un farol iluminaba a una anciana que oraba de rodillas.

- ¡Vamos, salgamos de aquí! - gritó la madre de los niños pequeños.

- ¡No! - respondió la señora -. ¿A dónde ir? Mi choza ha capeado otras tormentas.

- ¡Así no! ¡Se cayó mi choza! Venga, por favor, doña Mariquiña. ¡Baja con nosotros!

Pedro no quería esperar a que los dos decidieran. Ordenado:

- ¡Vamos! ¡Ya! La señora trae la linterna. ¡Salgamos de aquí rápido! ¡Estoy mandando! La señora se levantó, abrazó a la joven madre del otro lado. Pedro tomó la linterna con la mano derecha y caminaron.

- ¡Ay Dios mío! ¡Oh Padre, ayúdanos! - rogó la señora.

Pedro lamentó no conocer el lugar, pero con la linterna fue más fácil. Consiguieron descender con gran dificultad. Se detuvieron en un lugar donde se sentía seguro. La lluvia amainó y los rescatistas y los bomberos los alcanzaron.

Pedro entregó a los niños y las mujeres. La joven madre lo miró, le besó la mano y le agradeció con emoción:

- ¡Dios lo bendiga! El niño que se agarraba con fuerza a su camisa y a veces a su cabello, que estaba atado a su espalda, preguntó:

- ¿Eres Papá Noel?

- No - respondió Pedro.

- Debe ser - dijo el niño -. Papá Noel es bueno, tú también. Tiene una barba poblada como la suya, pero la tuya es negra y la de Santa es blanca. ¡Te pareces a él!

- ¿Quieres ayuda para bajar? - preguntó amablemente un bombero a Pedro.

- ¡No! - respondió decepcionado.

Los dos niños y las mujeres cayeron, ahora apoyados por los bomberos. Pedro miró hacia el cerro, que ya no ofrecía ningún peligro. Solo estaba lloviznando y el agua que bajaba era poca. Él bajó.

- ¡Que pena! ¡No morí! - Exclamó molesto.

Nadie escuchó. Abajo, en la calle, los bomberos estaban organizando la asistencia. Le ofrecieron café caliente a Pedro, quien lo tomó. Los rescatistas tenían mucho que qué hacer allí, pero como ya no había peligro, Pedro decidió irse. Esperó diez minutos en la parada de autobús que estaba húmeda y fría. Hizo el mismo viaje, dos unidades.

Llegó a casa temblando de frío. Tomó una ducha caliente.

- ¡Quién sabe si cojo una gripe fuerte y me muero de neumonía! - suspiró esperanzado.

Cansado, se fue a dormir y despertó al día siguiente listo. Café hecho, ropa lavada y organizamos la casa. Su hermana le trajo el almuerzo y él tenía que comer porque Nilza se quedó cerca y lo vigilaba. Cuando ella se fue, Pedro decidió irse. Tomó el autobús al centro de la ciudad, a un lugar peligroso, donde vendían drogas y se hacían muchos robos. Caminó con la esperanza de ser asaltado y asesinado. Observó a la gente que frecuentaba esa plaza: jóvenes sucios, hombres y mujeres con ojos desesperanzados; algunos fumados, pero la mayoría parecía borracho y drogado. Caminó lentamente.

De repente, un señor mayor fue asaltado frente a él. Pedro intervino, sujetando al ladrón.

- ¡Suéltame o te mato! - gritó el joven. Estaba armado y apuntó el revólver a Pedro.

- Por favor, señor, déjelo, lo puede matar - pidió el señor que estaba siendo asaltado.

Pedro sujetó con más fuerza al agresor.

- ¡Devuélvele el dinero! - Ordenó Pedro al ladrón.

El agresor lo miró, vio determinación en los ojos de Pedro, soltó el revólver y le devolvió el dinero al anciano.

Pedro, decepcionado, no soltó al chico. Rápidamente recuperó el dinero.

- Era mi pensión, el dinero que tengo para comprar alimentos y medicinas. Gracias, señor, pero ahora suelte al chico.

- Déjame ir - pidió el joven -. ¡No llames a la policía! Ya devolví el dinero. ¡Suéltame! También como este señor, necesito el dinero para comer y comprar medicinas, entonces robo.

- ¿Por qué no trabajas, si eres fuerte? - Preguntó el señor mayor.

- ¿Conoces a alguien que le dé trabajo a una persona que es o fue un delincuente? No tengo antecedentes limpios. Todos los jefes quieren referencias.

Pedro pensó que el joven podría estar diciendo la verdad. Era difícil para un empleador dar trabajo a una persona que ya había sido detenida, que había cometido delitos contra la sociedad.

¿Cómo saber si la persona realmente se había recuperado? Muchas veces, el empleador se desilusiona cuando contrata a personas así. Por lo tanto, unos pagaban por otros. Y los que quisieron cambiar, se hicieron honestos, no encontraron oportunidades y, a veces, lo único que les quedaba era seguir delinquiendo. Se compadeció de ese chico y lo liberó.

El muchacho se perdió de vista.

-¡Te arriesgaste demasiado! Podría haberte matado -. dijo el anciano. Pedro sonrió y pensó:

"¡Podría, pero desafortunadamente no fue así!"

- Siempre tomo otra ruta para no pasar por este lugar, por miedo a que me roben, pero hoy me duelen mucho las piernas, así que decidí venir por este camino, que es más cerca - explicó el señor. Pedro se agachó y recogió el arma.

- ¡Es un juguete! - Él exclamó.

- Por eso prefirió huir - concluyó don Pedro, tirando el revólver a la alcantarilla por el hueco de la rejilla.

- Así nadie la atrapará para hacer otro robo. Te acompaño a la avenida - dijo Pedro.

Y lo acompañó a la parada del autobús. Decidió irse a su casa, renunciando, por ese día, a ser asesinado por un ladrón.

"¡No creo que este sea mi día de suerte!", pensó.

Se despidió del hombre, quien nuevamente le agradeció, tomó el bus para regresar a su casa.

4 – Pagando la deuda

Al pasar por el bar cercano a su casa, Waldemar, el dueño, lo llamó:

- ¡Pedro, tengo mensajes para ti!

Entró y Waldemar no tardó en decir:

- Tu hija llamó y te pidió que te avisara que vendrá mañana por la mañana a verte. Geraldo, tu colega en la fábrica, también llamó y le pidió que le dijera que Gilson necesita el dinero porque su esposa va a tener mellizos. Y es para que usted reciba el dinero que, según el secretario, ya está disponible.

Pedro habló unos minutos más con Waldemar, le dio las gracias y se fue a su casa.

- Tengo una deuda con amigos, es mejor llegar a un acuerdo con ellos antes de morir. ¡Pagaré mis deudas!

Fue a una estación telefónica cerca de su casa para hacer llamadas. Llamó a la fábrica y habló con la secretaria, quien le dio el pésame y luego le explicó todo sobre cómo retirar el dinero - la cantidad que recibiría por haberse jubilado. Luego llamó a sus dos hermanos. Hablar con ellos fue reconfortante.

- Jonás, me prestaste una cantidad razonable. Quiero pagarte, pero ahora no puedo. Sacaré algo de dinero extra de la jubilación, pero tengo otras deudas, con ex compañeros de trabajo.

- Pedro - respondió el hermano -, no me debes nada. Lo hice por Ale, que era mi ahijado, y lo hice con amor.

Insistió, pero Jonás dejó claro que no le debía nada. Agradeció a su hermano por su cariño.

Caminando lentamente, regresó a casa pensando que el dinero que recibiría no sería suficiente para saldar todas las deudas, pero que, al menos, sería suficiente para pagar a los compañeros de trabajo que le habían prestado sus magros ahorros. Cerca de su casa encontró a Jairziño, un niño que a veces jugaba con Alejandro.

- Señor Pedro, ¿cómo está? No fui al funeral de Ale porque mamá no tenía dinero para el autobús, pero rezamos en la noche por su alma. Quería ir a despedirme de él. Ale era bueno, siempre me dejaba jugar con sus juguetes y andar en bicicleta.

- ¿Tu padre sigue desempleado? - Preguntó Pedro.- Consiguió trabajo, es guardia nocturno y gana poco, respondió el muchacho. Mamá sigue limpiando. No es fácil pagar el alquiler y mantenernos. Yo podría trabajar para ayudar con los gastos del hogar, pero nadie quiere emplear a un menor. Si tuviera una bicicleta, podría entregar el periódico en la mañana al señor Jorge.

- ¡¿Bicicleta?! - dijo Pedro.

Y pensó: "La de Alexander está guardada allí y no la usará más. Seguro que mi hijo se alegrará si la usa Jairziño."

- Jairzinho, te regalo la bicicleta de Alejandro. ¡Ven por ella!

- Primero debo hablar con mi madre.

- ¿Por qué? ¿No lo quieres porque era de Alejandro?

- No es por eso. ¡La quiero! Pero es un objeto caro y no puedo llegar a casa con él sin hablar primero con mamá. En cuanto a ser de Ale, creo que solo me traerá suerte. Los objetos de las personas amables solo nos hacen bien. Voy a preguntarle rápido a mi madre, espérame allá en la casa del maestro y enseguida vuelvo con la respuesta.

¡Gracias, señor Pedro!

Pedro entró a la casa, tomó su libreta con las notas de sus deudas. Pero ni siquiera tuvo tiempo de abrirlo y escuchó a Jairziño llamándolo.

Abrió la puerta. Jairzinho estaba con su madre, quien, luego de saludarlo, dijo:

- Sr. Pedro, ¿es verdad que quiere regalarle la bicicleta de Ale a mi hijo?

- Sí, señora, se la ofrecí y lo hago de corazón - respondió Pedro.

- Vine aquí - siguió hablando la señora - porque la bicicleta es cara. Me preocuparía que Jairziño llegara a casa con ella. Me gusta saber que pasa con mis hijos.

- ¡Tienes razón! ¡Adelante! - Invitó a Pedro.

Pedro fue a buscar la bicicleta en las habitaciones traseras, cuando notó que el niño sonreía feliz.

- ¡Qué bueno es ver a la gente feliz! Alejandro ya no necesitará sus cosas, se las daré a esta señora que tan bien educa a sus hijos.

- Señora, me gustaría regalar la ropa de Alejandro a Jairziño, sus libros y algunos juguetes. ¿Puedo?

- Acepto, señor Pedro, y le estoy muy agradecida.

Por impulso, Pedro agarró unas bolsas, abrió el armario de su hijo y empezó a poner ropa, cuadernos, libros y algunos juguetes que eran suyos.

Se los dio a la madre del amigo de su hijo. Le dio la bicicleta a Jairziño.

- ¡Gracias! - dijo la señora sonriendo.

- ¡Dios lo bendiga! - Exclamó Jairzinho, secándose las lágrimas de alegría.

Se fueron felices.

Cuando hacemos felices a las personas, si no las hacemos felices también, nos sentimos tranquilos, en paz. Sintiéndose bien, Pedro tomó su libreta y comenzó a consultar sus notas.

- Le debo a mucha gente. Pedro habló en voz alta -. No quiero morir sin saldar esas deudas. ¡No es bueno! ¡Me prestaron para ayudar! Mis colegas, amigos de la fábrica, ellos son pobres. Me organizaré y les pagaré a todos. Mônica iba a la peluquería, debo ir allí y preguntarle a doña Marina cuánto le debo. Por supuesto, también le debemos a doña Célia, la costurera y el japonés que vende verduras. Para Waldemar, de la tienda de abarrotes, sé que debo, pero no sé cuánto. siempre fue muy amable con nosotros. "Como tengo que pagar estas deudas antes de morir, es mejor hacerlo pronto", pensó con decisión.

Fue a la peluquería y doña Marina le informó:

- Señor Pedro, Mônica siempre me pagó, no me debe nada.

Oyó lo mismo de la costurera y del verdulero. Estaba avergonzado: ¿Cómo consiguió Mônica el dinero para pagar a estas tres personas?

Se quedó quieto dentro de la casa, sintió la soledad, hizo y rehízo cuentas: lo que recibiría y lo que pagaría. Decidió pagar a todos sus antiguos compañeros de trabajo y algunas cuotas a Benedicto, el peluquero, quien le prestó dinero a un interés razonable.

Se acostó temprano y se despertó temprano en la mañana. Puso toda la casa en orden, quería que su hija viera todo en orden. Y ella vino como prometió. Se abrazaron.

- ¿Cómo estás, papá?

- Bueno, hija, no te preocupes. ¿Y tú?

Me respondió que estaba bien. Contó de su visita al médico, lo que le recetó, que tenía antojos, etc.

- Hija, y tu madre, ¿cómo está? - Pedro quiso saber.

- Está triste por la muerte de Ale, pero está bien.

- ¿Conocías ese romance? ¿Que tu madre salía con Arnaldo?

- Cuando me enteré - respondió Aline - hacía tiempo que estaban juntos. Se gustan mucho. Mamá me pidió que no te dijera nada y que te lo dijera en cuanto Ale mejorara o muriera. A ti tampoco te gustaba más, ¿verdad? ¿Sufriste por ello?

Pedro pensó: "No me sentí traicionado, no después de la pérdida de Alejandro." Sonrió a su hija, que lo miraba con cariño.- No, hija, yo no sufrí por eso. Quiero que Mônica sea feliz.

- ¿Le darás la separación? - Preguntó Aline.

- Sí, claro. Solo tenemos que esperar un poco, pronto Mônica estará libre para casarse con Arnaldo.

- "Será mejor que esperemos un poco. Yo muero y entonces ella queda viuda y no tendremos que separarnos legalmente. ¡Estas separaciones dan mucho trabajo y son muy caras!", pensó Pedro.

- Aline, mi hija, quiero preguntarte si realmente quieres quedarte con Zé Carlos, porque si no, puedes quedarte aquí en tu casa.

- ¡Papá, amo a Zé Carlos! Es con él que quiero quedarme. Papá, vine aquí también para pedirte algo. Como él está durmiendo en la habitación de Ale, ¿no nos permitirás tomar prestada la cama doble? Estamos teniendo muchos gastos y ahora no podemos permitirnos comprar muchas cosas.

- Por supuesto, hija, te daré la cama, así como todo lo que quieras. Desafortunadamente, no tengo dinero para darte, ya que tengo que pagar deudas. ¡Toma lo que necesites de aquí de la casa!

- Gracias Papá. También quiero el armario y la cómoda. Antes de venir aquí, pasé por la casa de Arnaldo para ver a mamá. Me pidió que le llevara algunos artículos que se olvidó. Los recogeré y se lo llevaré. Voy a llamar a Zé Carlos para que venga con la camioneta de su padrastro para que podamos llevarnos los muebles.

Aline fue a su habitación, tomó varios objetos y salió.

Pedro sacó su ropa del armario y la llevó al armario de Alejandro. "Me alegro de haber regalado la ropa de mi hijo. Pondré la mía aquí."

Pedro se dio cuenta que Mônica no había dejado nada de ella. Tan pronto como terminó de empacar su ropa, su hija regresó y Zé Carlos llegó poco después. Él y su yerno tomaron los muebles y los pusieron en el camión.

- Si quieres algo más, ven a buscarlo - dijo Pedro.

Se despidió de los dos con abrazos. Pedro limpió lo que estropearon con el retiro de muebles. Miró a su antigua habitación. Ahora estaba vacía. "¡Vacía como yo!", pensó con tristeza.

La hermana llegó trayendo el almuerzo.

- Nilza, has sido muy amable conmigo, no sé ni cómo agradecértelo.

- ¡Ya nos dijiste gracias y basta!

- Nilza, ¿cuánto te debo? Nos has dado dinero muchas veces y yo no he marcado.

- Eran cantidades pequeñas. No me debes nada - dijo Nilza.

- Lo que voy a recibir - continuó Pedro para explicar -, no podré pagar todas las deudas, pero trataré de saldarlas todas. Te pagaré a ti y a Oscar pronto, así que quiero saber cuánto te debo.

- Pedro, ¿recuerdas cuando Oscar se quedó sin trabajo? Pasamos por dificultades y tú, mi hermano, pagaste el alquiler, compraste para nosotros...

Contigo, no quise recibirlo. Nunca olvidamos lo que nos hizo. Nosotros correspondemos, mi hermano. Te responderé ahora como nos dijiste: "¡Hermano es para esto! Para ayudar cuando el otro necesita."

Nilza se conmovió, se secó unas lágrimas. Se abrazaron.

- Está bien, Nilza, no hablaremos más de eso. Cuando hacemos algo con amor, ¡un gracias es suficiente! Mi hermana, ya no necesitas traerme comida. Te ayudaré Waldemar y yo comeremos allí.

- ¿Por qué? - Preguntó Nilza.

Inventó una excusa para que su hermana no se sacrificara para llevarle el almuerzo. Pero, en ese momento, tuvo una idea: podría saldar la deuda con Waldemar trabajando para él.

- Trataré de pagarle con trabajo lo que le debo y ahí me ocuparé y distraeré.

- ¡Qué bueno verte dispuesto! - Exclamó Nilza.

- Nilza - dijo Pedro -, le pregunté a la peluquera y a la costurera de Mônica y también al verdulero cuánto les debía y me sorprendí, me dijeron que ella les pagó. No entendí ¿Cómo les pagó Mônica si yo no le di dinero?

- Pedro - dijo Nilza lentamente, buscando la manera de explicarse sin lastimar el hermano -. Mônica tenía un romance con Arnaldo desde hacía tiempo. Él le dio dinero para sus gastos personales.

- ¡Le debo dinero! - Exclamó Pedro.

- ¡No deberías! ¡Que absurdo! - Nilza se indignó -. Mônica era la mamá de Ale y sabía que con su hijo enfermo tenías muchos gastos. Ella, como madre, debía ahorrar. Si se lo gastó en una peluquera, en una costurera, debió ser con el dinero de Arnaldo. Por favor, no pienses en pagarle. No quiero que hables con él.

Pedro sonrió. La hermana tenía razón.

- ¡Me olvidaré de ellos! ¡Lo prometo!

Nilza se fue tranquila con su promesa.

"Con mi muerte, nuestras dos casas quedarán para Mônica y Aline y, entonces, Arnaldo recuperará el dinero que le dio a Mônica mientras ella estaba conmigo", pensó.

Entonces recordó la otra casa, la primera en la que habían vivido y que había sido alquilada a una pareja de ancianos. Su hijo pagó dos años y medio por adelantado. ¿Te ayudó? Y también a los padres. Aun le quedaban veintitrés meses de alquiler pagados. Si él iba a morir, era mejor dejar ese hecho claro también.

Tomó la libreta y escribió un mensaje para su hija aclarando este detalle. También hizo un recibo y se lo llevó a los inquilinos.

La pareja lo recibió con alegría, insistiendo en que entrara, pero Pedro tenía prisa. Dejó el recibo.

- ¿Para qué es eso, Pedro? No necesitamos un recibo.

- Nunca se sabe, si muero, tendrás pruebas que pagaste por adelantado.

Se fue y fue al banco. En posesión del dinero, apartó lo que debía a sus amigos de la fábrica y fue a la barbería del señor Benedicto.

-Señor Benedicto - dijo Pedro -, vengo a pagarle cuatro cuotas, una vencida y otra vencida mañana. Quiero que ya no me cobren intereses por el pago atrasado ya que voy a pagar dos por adelantado.

El peluquero aceptó, Pedro tomó los pagarés y los rompió, aprovechando para cortarse el pelo y afeitarse.

Como solo iba por la tarde, al final de la jornada laboral en la fábrica, a encontrarse con sus compañeros para pagarles, iba a la tienda de ultramarinos, que también era bar y snack bar de Waldemar, lo encontró muy ocupado.

- Pedro - comentó el dueño del bar -, Lair se rompió el pie. Llegando al trabajo en su bicicleta, lo atropellaron en la esquina. Debe mantenerse alejado durante unos cuarenta días.

Lair era el empleado de Waldemar.

- Waldemar - dijo Pedro -, te debo y quiero pagarte. Pero, tengo otras deudas y poco dinero. Vine a discutir esto contigo. ¿Será que no puedo tomar el lugar de Lair? Trabajo para ti y así te pago lo que te debo, no los favores que nos has hecho. Estos solo Dios, el Padre Celestial, seguramente los bendecirá por habernos ayudado.

- ¡No hice nada más! - Exclamó Waldemar con emoción.

- ¿Como no? preguntó Pedro -. Usamos mucho tu teléfono, nos diste tantos mensajes. Si comíamos a menudo, era porque no nos negabas el crédito. Te estoy agradecido, Waldemar.

El dueño del establecimiento tomó una libreta, la abrió y Pedro vio la cantidad marcada y opinó:

- No he marcado lo que te debo, pero creo que más.

Waldemar hizo un gesto de costumbre, se encogió de hombros. Lo hacía cuando no quería hablar.

"No importa, pagaré eso y más de lo que creo que debo", pensó Pedro. Al ver que Waldemar aun estaba indeciso, Pedro dijo:

- ¿A qué hora quieres que venga a ayudarte? Si no te importa, empiezo mañana, porque tengo que ir a la fábrica pronto.

- ¡Hola Pedro! ¿Como estás? ¿Ya te recuperaste? - Preguntó Nico, un conocido y habitual del lugar, que acababa de entrar al establecimiento.

- ¡Estoy bien, gracias! - respondió Pedro.

- ¡Eres muy fuerte! El hijo murió, la mujer que lo traicionó lo abandonó. ¿No piensas en hacer justicia? Después de todo, todos entenderían si los castigaras, incluso si los mataras - comentó Nico en broma con una sonrisa cínica.

Pedro también sonrió. Pensó en morir, pero nunca en matar. Si Nico pudiera matarlo, provocaría una pelea, pero él era de los que preferían lastimar con el lenguaje.

- Nico - respondió Pedro con calma -, mi hijo estaba muy enfermo y sabíamos que no se iba a curar y que se iba a morir. Mônica y yo no vivíamos bien e íbamos a separarnos. ¡No me siento traicionado! Lo que más quiero es que sean felices. Pedro le dio la espalda al chismorreo temerario y le habló a Waldemar:

- Como puede ver, no estoy triste hasta el punto de molestar a tus clientes, ni aceptaré provocaciones. ¿Puedo venir?

- ¡Te espero mañana!

Estuvieron de acuerdo, Pedro comenzaría a las 11 am. Satisfecho, se fue a su casa para ir más tarde a la fábrica.

"Nadie - pensó Pedro -, fuera de Nico, me habló de la actitud de Mônica. Mis amigos y conocidos tenían sentido común. No me gusta mentir, pero era mejor decir que Mônica y yo ya no nos llevábamos bien. Creo que estábamos realmente separados, no me di cuenta."

Metió el dinero en sobres y escribió los nombres de sus compañeros. Se sintió aliviado de poder pagarles.

Fue a la fábrica.

5 - Resolviendo el problema de Isaac

Cuando Pedro llegó, miró la fábrica, un ambiente que conocía tan bien que no sabría decir cuántas veces había ido allí a trabajar. Descubrió que amaba el lugar y le dio un testamento para volver a esa rutina. Pero no quería pensar demasiado ni ponerse triste. Fue a la secretaria. Todos los que trabajaban allí lo saludaron amablemente.

- Vine aquí para darle las gracias. ¡Tú, Ivone, que me arreglaste todo, ¡muchas gracias! - Expresó Pedro.

- Sabíamos que tenías serios problemas, fue un placer solucionarte todo - respondió Ivone.

- Ivone - dijo Pedro -, ¿me harías un favor más? Dile a los dueños que les agradezco por darme un trabajo en el que trabajé durante años, obtuve mi cheque de pago por una vida honesta, por permitirme trabajar en horarios especiales para poder estar con mi hijo en el hospital. Diles que estoy agradecido y que rezo que Dios los bendiga.

- Sí, Pedro, les repetiré todo lo que dijiste.

Pedro volvió a agradecerle, se despidió y salió al patio a esperar a que sus amigos terminaran su turno y se fueran. No esperó mucho, cuando sus amigos lo vieron fueron a abrazarlo.

Después de recibir condolencias, abrazos y contar cómo estaba, Pedro invitó a los que tenían que pagar a reunirse en un rincón del patio.

Hablaron e intercambiaron información. Contó a sus amigos su sufrimiento por la muerte de su hijo y el abandono de su esposa. Los amigos escucharon en silencio.

- Pero - dijo Pedro sonriendo -, dejemos la tristeza. Vine aquí porque conseguí el dinero de mi retiro y vine a pagarles. ¡Aquí está! - Repartió los sobres -. ¡Gracias! Dios les pague los favores que ustedes me hicieron. Sé que me prestaron dinero que necesitaban. Y gracias a estos préstamos, pude darle algo de comodidad a mi hijo. Devuelvo, pero los favores, solo Dios para pagarlos.

Pedro se emocionó, lo abrazaron.

"La amistad es en verdad una cosa preciosa que no tiene precio material", pensó Pedro. Se despidieron, Pedro estaba a punto de salir del patio con ellos, cuando Isaac lo agarró del brazo.

- Pedro, ¿puedo hablar contigo un rato?

- Claro, salgamos y sentémonos con la correa - respondió.

Era su costumbre, cuando llegaban antes de su turno o después del trabajo, sentarse frente a la fábrica, en el borde de la acera. Los dos fueron allí. Pedro miró a Isaac invitándolo a hablar. Después de segundos de indecisión, el amigo dijo:

- Conoces a Isauriña y sabes lo linda que es esa mulata y por eso estamos en serios problemas.

Pedro conocía a Isauriña. La esposa de Isaac era ciertamente hermosa. Siguió mirando a su amigo esperando que volviera a hablar. Este último, después de una pausa, dijo:

- He cambiado de barrio tres veces por su belleza. Los hombres la codician. No tengo por qué desconfiar de mi esposa, es honesta, buena esposa y madre, tenemos tres hijos pequeños. Ella me ayuda y trabaja como doméstica, cuida a una tía mía que vive sola y está enferma. Un matón. Falcón, un chico travieso, la está acosando. Envía mensajes, flores - que son devueltas, pasa por la calle de la casa; a veces se detiene delante y empieza a amenazarnos. Manda decir que sabe quiénes son nuestros niños, quién los cuida en la guardería, etc. yo ya quería hablar con él, pero Isauriña no lo deja, llora de miedo que el tipo me mate y me hizo prometer que no enfrentaría al matón.

- ¿Es este tipo realmente capaz de matar? - Pedro preguntó esperanzado.

- Creo que sí - respondió Isaac -. ¿Qué hago, amigo? Eres mayor que yo, tienes experiencia y has pasado por muchos problemas.

Pedro se quedó en silencio por un momento y pensó:

"¡Voy a ayudar a Isaac, tal vez tenga suerte y este matón me mate!"

- Isaac, yo te ayudaré. Dime lo que sabes de este hombre – preguntó Pedro.

- Sé poco - dijo Isaac -, es un matón, debe ser un bandido, porque no trabaja. Vive en una pensión, siempre está armado, frecuenta bares y nos molesta.

- ¿Como se llama? - Pedro quiso saber.

- Creo que se llama Sebastián - respondió Isaac después de pensarlo un momento -. Así es, una vez escuché a alguien decir su nombre. Es Sebastián.

- ¡Genial! Te resolveré este problema. Hablaré con él y le exigiré que los deje en paz.

- ¿Como? ¿Estás loco? ¡Él puede matarte! - Isaac exclamó asustado.

- ¡Mejor! Quiero decir... Isaac, la vida me quitó todo, o casi todo. No me importa morir y si eso sucede iré a mi hijo y será una alegría.

- ¿Estás seguro? - Isaac preguntó dudoso.

- ¡Sí! - afirmó Pedro -. Si me encuentras muerto, acusa a ese Falcón y luego lo arrestarán y te dará tranquilidad. Pero también puede ser que lo ponga fuera de rango.

- ¿Cómo? Creo que te has vuelto loco.

- ¡Estoy bien! Te diré mi plan. Voy a buscar a Falcón y decirle que soy un asesino a sueldo y me pagaron para matar a Sebastián y que recibiré más información, como su apodo, a dónde va, etc. Si cree, huirá. ¡Déjame intentarlo, Isaac! Ahora describe a este matón.

Isaac estaba indeciso, encontraba peligroso el plan de Pedro, pero como insistió su amigo, dio todos los detalles que sabía sobre el perturbador de su paz.

-Ahora te vas – preguntó Pedro -. Iré luego a ese bar que frecuenta Falcón.

- Cuidado, Pedro, y gracias por querer ayudarme – dijo Isaac abrazándolo. Pedro sonrió y pensó: "Isaac no se lo cree, pero mi plan puede funcionar. Voy a sacar al matón de su vida y ese definitivamente me va a matar."

En un snack bar al lado de la fábrica, cerca de una obra en construcción, Pedro comió un snack; luego tomó un trozo de madera, lo puso en el bolsillo de su abrigo. Le gustó el resultado, ya que parecía que estaba armado. Caminó por allí hasta las ocho y luego se dirigió a ese bar, confiando en que encontraría al matón y la muerte.

Era temprano, pero ya había algunas personas en el bar, hombres y mujeres que conversaban animadamente. Miraron con curiosidad a Pedro, que era un desconocido. De repente vio a un hombre similar a la descripción que Isaac había hecho y tuvo confirmación cuando escuchó que alguien lo llamaba.

- Y ahí. Falcón, ¿de acuerdo? - Pedro se le acercó, le invitó un trago y conversaron. Pedro recordó una entrevista a la que había asistido en la que el entrevistado decía que era un asesino profesional. El hombre no miraba a la gente a la cara, hablaba en voz baja, tenía gestos lentos. Actuaba así. Fingió estar borracho y hablar demasiado.

- Ya sabes, hombre - dijo fanfarroneando -, ¡soy un buen profesional! ¡Si soy! Nunca dejé de hacer un servicio. ¡Valgo lo que me pagan! Estoy aquí para hacer un pequeño trabajo.

Ya he recibido la mitad y seguramente recibiré la otra tan pronto como realice el servicio. Curioso, Falcón le dedicó toda su atención, quería saber cuál era el trabajo del otro.

Pedro, siempre hablando despacio y diciendo que simpatizaba con él, entre un sorbo y otro, fingiendo beber, dijo:

- Soy una persona que ayuda a los demás a enderezar su vida, a solucionar problemas desagradables. Ayudo a los que me pagan, por supuesto. Y si alguien muere por eso, no tengo la culpa. Después de todo, alguien tiene que perder, ¿no? Y ese no es mi cliente. Ya he borrado cincuenta y dos y espero detalles para empacar los cincuenta y tres.

- ¿Tú matas? - preguntó Falcón, sobresaltado.

- Sí, ¿por qué el susto? ¿Aun no has matado a nadie?

- No - respondió Falcón -. Ya quería, pero...

- ¿No tienes el coraje? preguntó Pedro.

- No es eso, es que he estado resolviendo mis asuntos de otra manera. Y no quiero ir a prisión.

- Cuando haces bien el trabajo, no hay que tener miedo. Vine aquí a matar a alguien, lo ejecuto, me voy lejos y nadie por aquí sabe mi nombre.

Muchos dirán que me vieron, pero su descripción no conducirá a la policía hacia mí. Me tiño el pelo, dejo de deshacerme la barba, me pongo anteojos, etc.

- ¿A quién vas a matar? preguntó Falcón con curiosidad.

- Solo sé el nombre, mañana recibiré más detalles. Sé que es un bastardo que persigue a una mujer casada y amenaza a la familia. ¡Merece morir! ¿Tú no lo crees?

- Creo que sí. Pero, ¿quién es él?

- ¿Porque quieres saber? Estás pidiendo demasiado y no me gusta - respondió Pedro.

Se movió en la silla, mostrándole al otro el volumen en el bolsillo de su abrigo y Falcón ciertamente creyó que era un arma.

Pedro intuyó que el perturbador de la paz de Isaac se iba a ir cerca de él y le dijo:

- Pero, te digo, es un Sebastián. Dicen que se le conoce por un apodo. Mañana lo sabré.

Hablaba con la cabeza baja, pero notó que el otro había dejado de moverse y su respiración era diferente.

- ¿Lo conoces? - Preguntó Pedro.

- No, no conozco. Ahora, si me disculpan, me tengo que ir – respondió Falcón apresuradamente.

- No digas nada de lo que escuchaste, hombre - recomendó Pedro -. No es difícil en lugar de matar a uno, borrar dos. ¿Entendiste? Creo que bebí demasiado y hablé demasiado.

- No hablo. Ya olvidé lo que escuché. Falcón salió del bar y Pedro se quedó allí mirando a los habituales. Sintió pena por aquellas personas que parecían felices.

- ¡Todos tienen problemas! Esa niña se ríe, pero la escuché comentarle a la otra que está preocupada por su hijo enfermo. Mejor me concentro en mi problema. Voy a salir del bar y caminar lentamente por las calles. Y seguramente este Falcón debe estar esperándome y me matará a traición.

Salió del bar y caminó por las tranquilas calles, encontrándose con pocas personas, evitando mirar atrás o a los lados.

- ¡Qué malo es esperar! - Se quejó.

Sintió una extraña sensación. Se sentía como si alguien estuviera a su lado protegiéndolo. Se estremeció. Pensó que tal vez era Falcón observándolo. No había nadie más en las calles. Cansado, murmuró enojado:

- ¡Él no lo creía!

Eran las cuatro de la mañana; decidió dejar. Como no quería que Falcón supiera dónde vivía, se aseguró que no lo siguieran. Cuando estuvo seguro que no lo seguían, se fue a su casa. Caminó mucho, no había más autobuses en ese momento. Llegó a casa agotado y con mal sabor de boca; no estaba acostumbrado a beber, y la bebida era de mala calidad. Se duchó y se fue a dormir.

Se despertó con el despertador a las diez y media, se levantó, comió y se fue al bar a trabajar.

Listo, se puso a hacer una buena limpieza, pensó que el establecimiento estaba un poco sucio. Se distraía con el servicio, hacía entregas, atendía clientes y teléfonos.

- Pedro - escuchó la voz de Isaac -, ¿qué haces ahí en el bar?

- Estoy trabajando para pagar deudas. Lo siento, Isaac, que mi plan no funcionó.

- ¿Como no? ¡Funcionó, sí! Te llamé para darte el mensaje, pero como me contestaste, escucha: ¡Falcón se ha ido! Tomó todas sus cosas, dejó la pensión y se fue y nadie sabe dónde. ¡Nos deshicimos de él! ¡Es maravilloso! Isauriña dijo que te agradeciera y quiere que vengas a cenar con nosotros. Y solo puedo agradecerte:

¡Dios te bendiga!

- "¡Ahí va un intento más! ¿Qué estoy haciendo mal para que no funcione? Me alegro que Isaac e Isauriña estén tranquilos ahora, tienen tres hijos pequeños. ¿Será que imité tan bien a un asesino profesional que Falcón se asustó? Y creo que sí..."

La criada de Waldemar, doña Olga, le hizo el almuerzo y comenzó a hacérselo también a Pedro. Entonces, se levantaba temprano, ordenaba la casa, lavaba la ropa, iba a el bar, comía allí y trabajaba. Tres días después, el lugar lucía diferente, Waldemar estaba satisfecho y Pedro también, llegó cansado a casa en la noche. y dormía. Si se acordó de su hijo, fue para decirse a sí mismo:

- ¡Estaré contigo pronto!

6 - Un amigo, Josías

Josías estaba preocupado, era difícil ayudar y guiar a Pedro.

- Me gusta mucho Pedro, ¡pero está extrapolando! - Expresó.

Josías estaba desencarnado y había vivido en la espiritualidad durante mucho tiempo. Era amigo de Pedro, se encarnaron juntos en la encarnación anterior de Pedro.

Josías estaba agradecido con su amigo, pero estaba abusando de él, y tuvo que decidir rápidamente cómo actuar para que su protegido olvidara su plan de morir.

Josías lo miró trabajando en el bar, parecía un hombre feliz. Escuchó comentarios de otros encarnados que pasaban o que entraban al establecimiento para comprar bienes.

- ¡Pedro es realmente una persona excepcional!

- Su hijo murió, su hija se casó, su esposa lo abandonó y él sigue fuerte, hasta trabaja.

- Me dijo que quiere pagar sus deudas.

- ¡Es honesto!

- ¡Un ejemplo!

Josías estuvo de acuerdo. De hecho, Pedro era todo eso y más: un amigo, leal y amable.

- ¡Pero me estás haciendo pasar un mal rato! - Exclamó Josías.

Todo estaba bajo control, o casi todo - pensó Josías. Por mucho que guie a Aline, ella y Zé Carlos no pudieron resistir los atractivos del sexo. Pero aceptaron el embarazo y le están dando a un espíritu la oportunidad de vivir en el plano físico. También le pedí a Mônica que no se involucrara con otra persona. Pero Pedro y ella ya no se amaban, estaban distantes y separados. Supongo que no he sido un buen protector. Siempre me tropiezo con el libre albedrío y esto hay que respetarlo.

- ¡Esta tarea mía es difícil! - se quejó.

"¡Creo que pediré hacer un trabajo más fácil!", Continuó pensando Josías.

Pero, ¿cómo dejar a Pedro ahora? Él nunca me dejó. ¡Cómo me ha ayudado ya este amigo! Seguiré intentando ayudarlo. Creo que le ayudé de alguna manera. Estoy con ellos desde que descubrieron la enfermedad de Alejandro. Mantuve mucha compañía al niño enfermo en el hospital. La gente le prestó dinero a Pedro, porque yo también se lo pedí. Traté de ponerlo a disposición de las personas que, además de trabajar en la fábrica, iban al hospital a distraer a los niños enfermos.

Josías miró a Pedro, que cargaba una caja de bebidas, distraído con su trabajo.

- ¡Si pudiera verme! - Josías habló en voz baja -. Yo le decía: ¡Pedro, no te quieres morir! ¡No es cierto! ¡Cada uno de nosotros tiene un tiempo para estar en el plano físico, encarnado y este período no debe ser acortado!

Josías se sentó en un rincón del bar, seguía mirando a Pedro y recordaba: "Cuando Pedro salió de la casa para ir al cerro, fui con él y allí me encontré con un equipo de rescatistas desencarnados tratando de ayudar a los vecinos del lugar y me uní a ellos."[1]

---

[1] 1. Hay muchos espíritus desencarnados. Muchos están en condiciones de servir, ayudar, pero uno grande todavía necesita ayuda. Entre los que pueden ser útiles, lo hacen en varios lugares. Y quienes tratan de guiar a algunos encarnados lo hacen por diferentes motivos: cariño, amor y, lo más importante, gratitud. "Quien hace a otro, se hace a sí mismo." Cuando hacemos el bien, ciertamente entre los que se benefician, hay alguien agradecido que quiere retribuirles. Los trabajadores del plano espiritual son casi tan escasos como en el plano físico. Aquí en la Tierra, hay realmente muchos que quieren ser servidos. Nuestro planeta es una escuela, y esto nos da diversas oportunidades para

- ¿Está realmente subiendo? - le preguntó un salvador a Josías.

- ¡Va! - respondió.

- ¡Así que vamos juntos! Intentemos que tu protegido encuentre a una mujer con sus dos hijos pequeños que se encuentran en una choza que amenaza con derrumbarse.

Y se fueron con Pedro.

- ¡De ese modo! - preguntó un salvador.

- Pedro, respóndenos, ven por aquí, rogó Josías. "¡Me alegro que Pedro me haya respondido!", pensó Josías.

No es fácil inducir encarnados. Se respeta el libre albedrío y solo queda pedir y rezar. El cuerpo físico es una coraza que impide al encarnado percibir la dimensión de que están desencarnados. Cuando el encarnado es médium tiene más sensibilidad, recibe mejor los llamados de la espiritualidad, pero aun así es el encarnado quien decide.

La intuición sí existe. Les advierto a los lectores que no solo reciben buenas apelaciones; los desencarnados temerarios, que se empeñan en hacer daño a los demás, también utilizan esta función. Por lo tanto, se respeta el libre albedrío. Son los encarnados quienes toman la decisión.

Josías volvió a recordar los hechos. Se sobresaltó cuando Pedro saltó por las escaleras con la inundación, si fallaba el salto, rodaría con el agua fangosa.

- ¡Como aprendiz de mentor, no podía mantener la calma frente al peligro como debería! - se dijo Josías mientras miraba de vez en cuando a Pedro, que estaba trabajando concentrado en lo que estaba haciendo.

- ¿Por qué no se queda siempre así? ¡Trabajar no me da trabajo!

---

servir animándonos a dejar de ser servidos. ¡Felices los que aprenden! (Nota del autor espiritual).

Desde que Alejandro se enfermó, a Josías se le permitió venir a ayudarlos y su tarea no había terminado. Recordó el día que fue a pedir permiso para ayudarlos en ese período difícil y escuchó de su asesor:

- Puedes irte, Josías, pero tu tarea no terminará con la desencarnación de Alejandro; debe quedarse atrás para guiar a Pedro y su familia hasta que ya no necesiten de ti.

- "Aceptó", siguió recordando Josías. "¡Y aquí estoy, pasándome un susto tras otro con ese travieso de Pedro!"

Josías volvió a pensar en la tormenta de la colina. El equipo de rescatistas incorpóreos buscó instruir a los residentes para que salieran de la zona de riesgo y orientar al equipo de ayuda encarnada. Dos trabajadores desencarnados acompañaban a Josías y Pedro.

- Es allá en esa casa que está la madre con los niños pequeños - informa uno de los rescatistas.

Fue un alivio para Josías ver a Pedro dirigirse hacia la choza indicada.

- ¡Él es valiente! - Expresó el salvador.

- Será mejor que sea rápido - dijo el otro.

- ¡Vamos, Pedro! ¡Llévate a la mujer y a los niños y sal de aquí! - preguntó Josías tratando de inducirlo.

Pedro actuó con inteligencia, ató a los niños a su cuerpo y ayudó a la mujer a salir de la choza amenazada.

- ¡No deberían quedarse debajo de esa roca, es peligroso! Si rueda, los aplastará - informó uno de los que los acompañaban.

- ¿Rodará? - Preguntó Josías con preocupación.

- No lo sé - respondió el salvador -. Esta piedra fue analizada por los bomberos encarnados y concluyeron que podría rodar bajo una fuerte lluvia.[2]

---

[2] No es porque estén desencarnados que lo saben todo. Sabe quién estudia, y este conocimiento es todavía muy limitado para nosotros los

- "¡Qué bueno que Pedro se dio cuenta por sí mismo que el lugar era peligroso!", pensó Josías y siguió recordando su aventura en el cerro.

- ¿Qué es ese punto de luz? - preguntó Josías a uno de los rescatistas.

- Es alguien que dice una oración con fe. Iré a comprobarlo y vuelvo pronto - respondió. De hecho, lo era; volvió segundos después y explicó:

- Es doña Mariquiña rezando, está en su choza y no está en la zona de riesgo, no se va a caer.

Pero la joven madre quería ir allí y doña Mariquiña bajó con ellos. Cuando los bomberos los encontraron, ya estaban a salvo. Uno de los rescatistas agradeció a Josías.

- Gracias a tu protegido, la joven madre y las dos niños se salvaron. Pero, ¿qué estás diciendo? ¿Pedro morirá?

- Es una larga historia - respondió Josías. El hijo desencarnó y quiere irse con él. Lo acompaño, no quiero dejarlo solo. Josías se despidió del equipo desencarnado y se fue con Pedro en el bus y cuando se fue a descansar hizo lo mismo.

- ¡Ufá! ¡Pedro me está dando más problemas ahora que antes! - Exclamó Josías -. Nunca se rebeló, era fuerte, incluso necesitado de ayuda y consuelo, ayudó y consoló a otros. Necesito urgentemente deshacerme de su deseo de desencarnar. Pero ¿cómo? Creo que debería estar más atento.

Y Pedro no dio tregua a Josías. Al día siguiente, se fue y se dirigió a un lugar considerado peligroso porque era frecuentado por personas imprudentes. En aquellos lugares donde se encarnan

---

terrícolas. Los salvadores que Josías son parte de equipos encontrados que siempre están en lugares de peligro tratando de ayudar. Y estos desencarnados son casi siempre aprendices. No habría manera que ellos supieran si la piedra iba a rodar; sabían que había posibilidades. Un consejero o rescatista con más conocimientos y experiencia lo sabría. Josías tampoco tenía experiencia. Solo adquirimos experiencia en tareas del día a día y una forma de aprender es haciendo (N.A.E).

holgazanes, que obran mal, hay también, muchas veces, en mayor número, semejantes desencarnados. Josías permaneció cerca de Pedro, ya que tanto los encarnados como los desencarnados lo miraron con desconfianza y curiosidad. Josías incluso consideró pedir ayuda. Si lo hiciera, los amigos rescatadores del hogar espiritual al que estaba afiliado acudirían en su ayuda. Formó parte de un equipo de trabajadores de Umbanda. Pero no fue necesario, porque los desencarnados solo se rieron de él y le dijeron unas palabras descorteses, que a Josías, acostumbrado a este tipo de reacciones de los desencarnados ociosos, no le importaba.

Cuando el señor fue asaltado, Josías no pudo hacerle entender a Pedro que era peligroso interferir, y se volvió aprensivo. Pronto vio que el revólver era de juguete y estaba más tranquilo, pero temía que otros encarnados interfirieran.

- ¡Me alegro que haya funcionado! Pero, ¿por qué fabrican pistolas de juguete? ¡Qué juguete tan extraño! ¡Ojalá prohíban su fabricación! - Exclamó Josías.

Se sintió aliviado cuando Pedro decidió irse y más aun cuando decidió pagar sus deudas.

- ¡Eso es, amigo mío, debes pagar a todos los que te prestaron dinero! - Rogó Josías a su protegido.

Josías se emocionó aun más al pensar que Pedro no pensaría en morir hasta que pagara toda la deuda.

- ¡Sí, Pedro! - suspiró satisfecho -. El trabajo te distraerá, cansará tu cuerpo y ocupará tu mente, no dejándote tiempo para la tristeza y los pensamientos erróneos. Trabajo sí. Waldemar lo ayudó y ahora es tu turno de ayudarlo.

Pero cuando Pedro le dijo a Isaac que iba a tratar de solucionar su problema con el matón, Josías se indignó:

- ¡No hagas eso, Pedro! ¡El caso es de la policía!

Sabía, sin embargo, que la policía no podría ayudarlos. Necesitarían pruebas, y con tantos asuntos más urgentes, la policía no tendría manera de protegerlos.

Pedro decidió ayudar a Isaac, y Josías no tenía forma de hacerle cambiar de opinión. Quedaba solo acompañarlo.

Cuando entraron al bar, fueron observados por los encarnados y los desencarnados, que eran en mayor número. Y llegó más gente, y se llenó el lugar.

Cuando Pedro empezó a hablar con Falcón, los curiosos desencarnados se acercaron atentos a escuchar.

- ¿Es cierto lo que dice este hombre? - Preguntó un desencarnado a Josías.

El aprendiz de protector se sintió en una situación delicada, ya que no estaba acostumbrado a mentir, luego respondió hablando lentamente:

– Siempre está resolviendo los problemas de los demás.

El desencarnado pensó que había confirmado lo que había confirmado lo dicho por Pedro y uno de ellos comentó:

- ¡Qué gracioso, este encarnado mató y no tiene marca de homicidas!

- ¡Él no muestra lo que es! - respondió Josías tratando de encontrar una respuesta que no lo hiciera mentir o desenmascarar a Pedro.

- ¡Es tecnología al servicio de los delincuentes también! Todavía estoy aprendiendo esta técnica - afirmó otro.

Con curiosidad, observaron a los dos visitantes examinándolos de arriba abajo y de todos lados, tratando de averiguar cómo habían cambiado sus auras. Josías sonrió que los analicen.

Los homicidios tienen un aura rojiza, especialmente en las manos y la cabeza. Algunos videntes encarnados logran ver, así como la mayoría de los que están en la espiritualidad, confirmando el dicho: "los errores de los desencarnados no se ocultan." El aura que nos rodea, ya sea que estemos en el plano físico o espiritual, muestra lo que somos.

Y este no se puede cambiar. Los desencarnados pueden cambiar de apariencia, especialmente los que saben, pero sus fluidos y colores de aura son herencia de actos, no hay maneras de hacerlos diferentes. Los desencarnados que estaban en el bar carecían de conocimiento. Si hubiera un erudito malvado allí, sabría la verdad. Los eruditos oscuros son inteligentes, investigan, pero no encuentran la manera de modificar los fluidos o tonos de su aura. De ahí el adjetivo: tenebroso. Sus resplandores son oscuros, sucios y algunos son negros. Los buenos los tienen claros y brillantes y se llaman espíritus de luz. Los buenos espíritus, que saben, pueden bajar sus vibraciones pensando como lo fueron en el pasado. Pueden modificarse en lo que ya fueron y nunca en lo que aun no han logrado ser. Somos lo que realmente conquistamos. Así, se sabe persona por sus fluidos, por los colores de su aura, por la energía que irradia, que envuelve su cuerpo espiritual y que se transmite al periespíritu. En los encarnados, esta radiación involucra al cuerpo físico.

-¡Opa! ¡Este tipo vino a borrar a Falcón! ¡Interesante! ¡Gorila necesita saberlo! - Gritó uno de ellos que estaba atento a la conversación.

Josías estaba asustado. Y el que gritaba se reía y explicaba.

- Gorila es el apodo de un desencarnado que odia a Falcón, seguro que le gustará la noticia. ¡Mira quién llegó! El que acaba de llegar es Marcón, un desencarnado que siempre está con Falcón, se intercambian favores.[3] Marcón se acercó y le dieron la noticia.

- ¡Tu compañero encarnado tiene el pie en la tumba!

---

[3] Tenemos la compañía de los afines. Los bribones, o incluso los encarnados del mal, casi siempre tienen uno o más desencarnados que, gustando de su forma de vida, participan en sus orgías y malas acciones. Muchos de estos desencarnados se hacen llamar protectores. E intercambian favores, a su manera, ayudan a sus protegidos así como chupan sus energías adictas. Marcón ciertamente indujo a Falcón a salir, a dejar el barrio y se fue con él. Normalmente, los une el egoísmo, permanecen juntos solo por conveniencia, pero a veces se gustan mucho. Pero, casi siempre siguen la regla: "sálvese quien pueda." (N. A. E.).

- Ese encarnado es un asesino a sueldo y fue contratado para eliminarlo.

- ¡Pronto serás hombre muerto como nosotros!

- ¿Es verdad? ¿No estás bromeando? - Marcón preguntó preocupado.

- ¡No estamos!

Marcón notó que Falcón estaba nervioso, inquieto. Miró de cerca a la pareja, Pedro y Josías, y se dio cuenta que eran extraños. Otro explicó:

- ¡Están camuflados! ¡Son peligrosos!

Falcón salió del bar, Marcón se fue a una esquina, escuchó los comentarios y también se fue. Se convenció que Pedro era un asesino profesional y que Josías era un espíritu muy oscuro, tanto que su desparpajo le había hecho entrar solo en ese bar. Ciertamente fue terrible y no debería confrontarlo.

Josías no se apartó del lado de Pedro y cuando se fueron, ningún desencarnado lo siguió. No querían entrometerse en los asuntos de otra persona donde podrían verse perjudicados.

La lucha no era de ellos y se sintieron aliviados cuando se fueron.

"¡Son compañeros y no amigos! Quien tiene la amistad en el corazón acaba adquiriendo otros buenos sentimientos. Un espíritu que siente amistad busca superarse", pensó Josías.

Se quedó cerca de Pedro, que caminó hasta cansarse. Josías pensó en Falcón y sintió que se iba a escapar.

- ¡Menos mal! - exclamó tranquilizado. Y solo se calmó cuando Pedro se fue a dormir.

7 - La visita

Aprovechando que Pedro iba a trabajar por unas horas, Josías se fue a una Colonia, queriendo ir a la escuela para saber de Alejandro.

Volitó hasta llegar a la Colonia, se detuvo y la observó. No se cansaba de admirar la ciudad espiritual de la que era uno de sus moradores, aunque, de momento, con la tarea que hizo, simplemente la visitó. Miró sus altos muros.

"Había que tapiarla – pensó –. Le molesta a los imprudentes, a los que no son dignos de residir en una Colonia. Aquí reina la paz, y a los que aun no sintonizan con la honestidad, con afán de superación y los que no les gusta seguir las enseñanzas de Jesús, no se ajustan a ellas. Egoístas que no se adaptan, no quieren el bien de los demás, atacan Colonias, Puestos de Socorro, porque les molesta saber que hay lugares donde viven y son felices los que piensan y actúan diferente a ellos."

Josías ya había comunicado su venida, y se esperaba su presencia, se detuvo ante la puerta y la examinó; Pensé que sus suaves dibujos eran hermosos. Una caravana se acercó. Fue un equipo de socorristas que trajo algunos recién desencarnados que vivían en el plano físico de tal manera que merecían ser acogidos en una ciudad espiritual. Josías los observó, los rescatadores vestían ropas similares a las que usan los encarnados, pero sin lujos. También se vestía así, le gustaba, y de momento vestía pantalón beige y camiseta celeste. Algunos de los rescatados aun sentían el reflejo de sus cuerpos físicos; algunos vestían la ropa con la que fueron enterrados y otros, que habían estado muy enfermos, estaban en ropa de cama o batas de hospital.

El portón se abrió, la caravana se dirigió hacia el hospital, donde dejaría a los recién desencarnados en una sala de recuperación. Caminaba feliz disfrutando de la belleza y la sencillez de la Colonia.

- ¡Qué hermosas avenidas! ¡Qué acogedores árboles! ¡Qué aire más fragante! La gente lo saludó y Josías respondió alegremente.

"Los saludos afectuosos son como regalos que me gusta recibir", pensó.

Tenía ganas de detenerse a sentarse en una banca en una plaza florida, pero tenía cosas que hacer y un tiempo para volver. Se dirigió a la escuela.[4]

El solo hecho de ver la colonia hacía feliz a cualquiera que estuviera en sintonía con el lugar, y en la escuela esta alegría se redobla.

- ¡Aquí hay una hermosa fiesta! - Exclamó Josías. Los niños pasaban junto a él cantando.

- ¡Buenos días, señor visitante! ¡Y un placer recibirte! ¡Que la alegría te acompañe! ¡Buen día!

Josías los recibió con una sonrisa feliz.

- Muchos padres no deberían preocuparse ni sufrir tanto con la desencarnación de sus hijos e hijas jóvenes. ¡Aquí están tan felices!

La escuela estaba decorada con plantas, flores, dibujos hechos por ellos. El piso era colorido, y los niños saltaban sobre los mosaicos riendo y jugando. Parecía que el sol aun brillaba más en ese rincón de amor. Echó un vistazo de cerca a los pisos cuadrados;

---

[4] Rosângela describe muy bien a una estudiante. Si el lector quiere saber más sobre estos lugares que cobijan a niños y jóvenes desencarnados, lea el libro *Flores de María*. Aunque los eduncandarios no son del todo iguales, tienen los mismos objetivos: hacer felices a quienes desencarnaron a temprana edad en el físico y guiarlos hacia el bien (N.A.E).

él también quería saltar sobre ellos, pero se dirigió al lugar donde había arreglado la reunión.

Al llegar a la sala de recepción, llamó suavemente. Lo atendió una señora de aspecto tan agradable y tranquilo que Josías quiso quedarse allí horas observándola.

- Mi querido Josías, ¡qué placer tenerte con nosotros! ¿Has venido a averiguar sobre Alejandro? - Mientras él asentía, la señora siguió hablando: - Está bien, él sabe que desencarnó, duerme diez horas diarias, ya no se siente mal, juega y habla con sus nuevos amigos.

- Estoy teniendo dificultades con el padre de Alejandro - explicó Josías -. ¡Pedro se quiere morir! No quiere suicidarse porque sabe que esa actitud está muy mal y que causará mucho sufrimiento. Piensa en engañar a la muerte, como si fuera un ser, o incluso Dios. Quería que Alejandro me ayudara. Si nuestro chico está en condiciones para recibir al padre y hablar con él, tal vez cambie de opinión.

- Querido Josías - le habló cariñosamente la orientadora -, tú sabes que estos encuentros son posibles. Pero siempre esperamos que nuestro refugiado se recupere y esté bien. Nuestro interno tiene que sentirse preparado para una visita familiar. Además, el encarnado visitante debe sentirse resignado. De lo contrario, es más perjudicial que beneficioso.

- Ya lo sé - estuvo de acuerdo Josías -. Tenía muchas ganas de recibir visitas cuando desencarné, insistí en recibir a mi esposa y cuando vino a verme me acusó como si yo tuviera la culpa de haber desencarnado y dejado con algunas dificultades. Lloramos mucho y yo estaba muy triste. Pero, si Alejandro me puede ayudar, ayúdame.

El padre, creo que funcionará.

- Ven conmigo, veámoslo y sepamos su opinión - invitó la orientadora, jalándolo de la mano.

Atravesaron pasillos decorados con cuadros alegres, se escuchaba música que transmitía entusiasmo.

Josías quedó encantado de nuevo con los coloridos diseños que forman el piso, vio a los niños saltando.

- Si quieres, Josías, también puedes saltártelas - dijo sonriendo la orientadora -. "Bueno, quiero hacerlo, pero no creo que deba hacerlo", pensó.

- ¿Por qué no? Todos llevamos un niño dentro, te lo diría si estuvieras encarnado. La alegría debe ser parte de nuestra vida.

Josías probó algunos saltos, falló los pasos; los muchachos que se detenían a mirarlo se reían y uno de ellos le enseñó:

- Es así: el pie derecho en cuadrados, el izquierdo en redondos y triángulos; en las otras figuras no puedes poner el pie en el suelo, tienes que saltar.

Josías lo intentó y lo hizo bien. Los chicos aplaudieron, rieron alegremente y él les agradeció. Siguieron caminando y él admiró el lugar, que le parecía perfecto.

Se detuvieron frente a la habitación donde estaba Alejandro; llamaron a la puerta y entraron. Como todos los salones de la escuela, este fue pintado en colores claros, dibujos en las paredes, juguetes esparcidos. Había cinco chicos montando juegos y cuando Alejandro los vio, se detuvo y se acercó.

- ¡Buen día! Te conozco, pero no sé quién eres. Te vi cuando mi cuerpo estaba dormido y te sentí a mi lado.

- Soy Josías. De hecho, cuando estabas encarnado, yo estaba a tu lado tratando de ayudarte.

- ¡Muchas gracias! - Agradeció Alejandro.

- Me alegro de verte bien - dijo Josías.

Se miraron, sonrieron y Josías inmediatamente decidió explicar por qué estaba allí.

- Alejandro, tu padre, mi amigo Pedro, está pensando en morir para estar cerca de ti.

Alejandro dejó de sonreír y expresó su preocupación:

- Pero me prometió no suicidarse. Mi padre cumple lo que promete.

- Menos mal, gracias a Dios que Pedro piensa en cumplir la promesa. Pero él está buscando la manera de dejarse llevar sin suicidarse, involucrándose en situaciones de riesgo.

- ¿Que puedo hacer? - Preguntó Alejandro, mirando fijamente a Josías.

- Quiero traerlo a verte. Cuando se duerma, separaremos su periespíritu del cuerpo físico y lo traeremos a visitarte - informó Josías.

- ¡Bien! ¡Estaré encantado! - Exclamó Alejandro, quien luego preguntó: - ¿Funcionará? ¿Recordará mi padre este encuentro cuando despierte?

- Dependerá de muchos factores - respondió Josías, algunas personas recuerdan parcialmente estas visitas; otros están un poco confundidos. Pero la mayoría, después de estos encuentros, sienten menos nostalgia y con la certeza que sus afectos desencarnados están bien. Tú, Alejandro, le pedirás que tenga cuidado y que quiera vivir encarnado hasta cuando sea el momento de cambiar de planes.

Acordaron los detalles y Josías regresó esperanzado y renovado. Estar en una Colonia aunque sea por poco tiempo es renovar energías y llenarse de entusiasmo. Sonrió feliz y se sintió motivado para continuar con su tarea.

Esa noche, cuando Pedro, cansado, se fue a dormir, Josías esperó a que los dos amigos que trabajaban en la escuela vinieran a ayudarlo. Y cuando llegaron, se acercaron la cama en la que dormía Pedro.

- ¡Pedro, ven con nosotros! - Llamó Josías.

Pedro se separó de su cuerpo físico, que se había quedado dormido en la cama, y se rio.

- Cuando eso sucede, ¡creo que es gracioso! - Expresó.

- Tú, Pedro, eres un espíritu que viste este cuerpo que ahora me habla, que llamamos periespíritu y, como está encarnado, tiene todavía otra vestidura, el cuerpo físico - dijo Josías tratando de explicar.

- ¿Y este cordón? - Preguntó Pedro sosteniendo el cordón de plata.

- Es un vínculo entre tu espíritu y tu cuerpo carnal - respondió Josías.

- ¿Quién eres y qué haces aquí en mi casa? - Preguntó Pedro con desconfianza.

- Somos amigos y venimos a invitarte a visitar a Alejandro, tu hijo.

- No sé quiénes son, aunque te he visto por aquí. Pero esto no es razón para engañarme. Mi hijo murió y se fue al cielo y nadie va vivo, solo muerto.

- Tu error, Pedro, puedes ir, te llevaremos.

- ¡Pero no lo haré!

Josías no quiso continuar con la discusión. Miró a Pedro, que estaba un poco confundido, y se volvieron con él.[5]

Pedro, sin entender cómo, se encontró en un jardín muy hermoso, pero no tuvo tiempo de admirarlo. Su mirada fue atraída

---

[5] Los encarnados deben tener cuidado al recibir invitaciones a excursiones de los desencarnados. Por eso es tan recomendable rezar antes de dormir y tener buenos pensamientos para gozar de buena compañía si por casualidad pueden alejarse del cuerpo físico. No siempre los encarnados pueden salir de excursión y estos resultados dependen de muchos factores. Algunos salen más; otros, menos y unos pocas veces. Estas visitas, como las que hizo Pedro, son raras. Son posibles para principalmente suplir las necesidades de los involucrados. Muchos dejan el cuerpo físico sin darse cuenta y, cuando se dan cuenta, ya están en el lugar marcado. En cuanto a recordar, el cerebro físico puede confundir los recuerdos, y una gran parte cree haber soñado. Otros que saben están agradecidos por estos encuentros fraternales. la mayoría solo tiene una sensación agradable. Estos encuentros son posibles gracias a la inmensa bondad de nuestro Padre Creador, que no nos aparta de los afectos. Todo es posible para quien ama y cree (N.A.E).

a una banca donde vio a Alejandro sentado. Encantado, corrió hacia el hijo.

- ¡Alejandro! ¿Entonces esos tres tipos no me estaban engañando? ¡Me trajeron a verte! ¿Cómo estás mi chico?

- Estoy bien, papá. Aquí en este lugar he mejorado, he estado jugando mucho, corro por los jardines y voy a estudiar.

- ¿Estudiar en el cielo? ¿Tú estás feliz?

- Sí, estoy muy feliz - respondió Alejandro -. Papá, viniste aquí para recordarte la promesa que me hiciste de no querer morir.

- Te prometo que no lo olvidaré y, no te preocupes, lo cumpliré. ¡No me mato por nada! ¡No es lo mismo!

- Eso está bien, papá, pero tú tampoco deberías querer morir. Tengo entendido que ya has intentado morir sin suicidarte. ¡Esto también está mal! ¡No debes hacerlo!

Pedro negó con la cabeza y cambió de tema.

- Aline va a tener un bebé. ¡Serás tío!

- ¿Es cierto? ¡Qué bien! ¡Tío Al! ¡Excelente! ¿Cómo está ella? A Pedro le dio vergüenza responder:

- Creo que bien...

- Será mejor que prestes atención, papi, ella siempre tuvo problemas en los riñones. ¿Y mamá? ¿Cómo está?

- Se mudó con... Bueno, eso es mejor para otro día. Mônica está bien.

- Papi, por favor, recuerda siempre la promesa que me hiciste y hazme otra ahora: no quiero morir ni salir corriendo riesgos. ¡Promételo!

- Bueno... ¡Quiero abrazarte! ¿Es este el cielo aquí? - Preguntó Pedro tratando de cambiar de tema otra vez.

- Aquí hay un lugar maravilloso donde se hospedan los niños que tienen un cuerpo físico muerto. ¡Es muy hermoso!

Pedro abrazó a su hijo, lloraron de alegría y emoción. Alejandro volvió al tema.

- ¡Papi, por favor no quieras morir! Repite conmigo: ¡No quiero morir! Pedro sin muchas ganas lo repitió y despertó diciendo:

- ¡No quiero morir!

Abrió los ojos, estaba en su habitación. Por un instante pensó que estaba en un jardín. Miró el reloj, eran las tres de la mañana. Tenía la sensación que había estado abrazando al hijo.

- ¡Qué hermoso sueño! Gracias, Dios mío, por haber soñado con mi hijo. Siento que lo abracé. Pero me pareció que Alejandro estaba preocupado por mí. Recuerdo que me pidió que no olvidara la promesa. ¡Ay, hijo mío! ¡No me olvido!¡No me mataré! Pero puedes esperarme, voy a vivir contigo pronto. Espérame, cielo, ¡estaré ahí pronto!

Satisfecho, se dio la vuelta y volvió a dormirse.

-¡Shhh! ¡No ayudó! - Exclamó Josías.

Josías se despidió de los dos trabajadores del Educandário que los acompañaban y devolvió a Pedro a su cuerpo físico en periespíritu. Se despertó, recordó el encuentro pensando que era un sueño placentero.[6]

Pedro se durmió y cuando lo hizo no le dio ningún problema a Josías, quien fue con sus amigos de Umbanda con quienes también trabajaba, aunque menos horas, ya que su protegido le estaba dando muchas preocupaciones.

---

[6]Esto sucede mucho. Los desencarnados tratan de ayudar a los encarnados con estos encuentros. Algunos dan resultados; otros no lo hacen. Escuchamos y servimos a quien queremos. Muchos, a diferencia de Pedro, no despiertan al regresar al cuerpo físico después de estos encuentros (N.A.E).

Fue recibido como siempre, con cariño y, cuando le preguntaron cómo estaba, Josías se lo contó a sus amigos y recibió consejos.

- ¡Estén atentos y hagan lo que puedan!

- Ahora, Josías, ven con nosotros hasta el Umbral, tenemos un rescate que hacer - invitó un amigo.

Y allí estaba Josías, que solo volvió cuando Pedro estaba a punto de despertar.

- Como el trabajo es placentero para mí, me siento diferente, aunque en estas excursiones por el Umbral vemos mucha tristeza - comentó.

Mientras Pedro se preparaba para ir a trabajar, Josías pensaba en lo mucho que disfrutaba ser un servidor útil en aquella casa, donde todos actuaban como cristianos y seguían las enseñanzas de Jesús: *"Haced el bien sin mirar a quién."* Era un lugar de amigos: los encarnados que lo frecuentaban se amaban y los desencarnados se trataban como hermanos amorosos.

A Josías le encantaba poder asistir a las reuniones de los encarnados, fiestas, en las que se entonaban hermosos cánticos de alabanza al Creador, los orixás, Jesús, María y los espíritus bondadosos. Allí los necesitados de los dos planos, físico y espirituales, escucharon buenos consejos, alicientes y también fueron alertados para no hacer ningún mal y la necesidad de hacer el bien.

Pedro se despertó extrañando a Aline. Tan pronto como llegó al bar, le pidió a Waldemar que usara el teléfono y la llamó.

- Hija, ¿estás bien?

- Sí, papá, estoy bien, la Sra. Luzia me ha estado cuidando. Estoy hinchad y tengo dolor de espalda. Pero no es nada, son cosas del embarazo.

- Niña, ¿estás segura que no necesitas nada?

- Sí, papá, no quiero que te preocupes por mí. Pedro le contó el sueño a su hija.

- Aline, anoche soñé con Alejandro. Recuerdo que estaba en mi habitación y vinieron tres tipos simpáticos a invitarme a verlo. Y de repente estaba en el cielo, encima de las nubes y había muchas flores. Alejandro era hermoso, sano y sonrojado, me abrazó fuerte. Desperté sintiendo tu abrazo.

- ¡Qué bueno, papi! ¡Qué hermoso sueño!

- ¡También me gustó!

Pedro empezó a trabajar con ganas y más contento.

8 - El pasado

Josías se sentó a ver trabajar a Pedro y recordó el pasado, el período en el que los dos se encarnaron con Alejandro.

"Nací y me crie en una finca grande, tenía una familia numerosa. Mi padre, cuando estaba enfermo, antes de fallecer, dividió sus propiedades cerca de la ciudad y fui allí. Trabajé mucho y, con unos cuantos servidores fieles, construí casas, hice una huerta, un pomar grande y una pequeña plantación de café. Tenía ganado, ordeñaba las vacas y vendía la leche y las verduras en la ciudad.[7]

Me enamoré de Nana, la dulce y trabajadora María Inmaculada, que pertenecía a una familia humilde y cuya madre era negra. Me casé, mi familia estaba en contra, si mi padre hubiera estado encarnado, seguro que nos hubiera separado. Por eso me alejé de mi familia, no nos peleábamos, pero rara vez nos veíamos.

- ¡No me arrepiento! - exclamó Josías, en voz baja - Nana era una gran compañera y éramos felices juntos.

Miró a Pedro, que seguía distraído limpiando un estante grande.

- ¡Era un gran amigo! Volvió a recordar:

Pedro era negro, antiguo esclavo de mi padre, veinte años mayor que yo. Era inteligente, trabajador, honesto y fiel con

---

[7] Esta encarnación que recordará Josías fue la última, pero anterior a Pedro y Alejandro, que tenían otros nombres. Pero, para facilitar la lectura, los llamaremos por los mismos nombres. Las denominaciones son fugaces, y no debemos darles importancia. Lo que realmente tenemos es lo que ganamos con el estudio, el trabajo y las buenas obras.(N. A. E.)

nosotros, sus jefes. Por estas cualidades, mi el padre lo eligió para velar por sus hijos, para ser guardia de seguridad o, como él lo llamaba, *yagunzo*.

Desde pequeño recuerdo a Pedro protegiéndonos de las peleas y evitando que hagamos nada peligroso. Me parece escucharlo cuando nos aconsejaba:

- No hagas esa maricada, a tu papá no le gustará. ¡Eso es peligroso! No obligues al caballo a correr tanto. "¡Fue un período agradable!", recordó Josías para sí mismo, suspirando con nostalgia.

Sonrió, tuvo una infancia y una juventud felices. Josías seguía recordando: Pedro era joven cuando liberaron a los esclavos. Permaneció en la finca como empleado. Fueron pocos los esclavos que dejaron la propiedad de mi padre, porque allí los trataban bien y no había castigos.

Desde pequeño escuchaba historias de los antiguos esclavos y la confusión que se producía cuando los liberaban. Muchos libertos se quedaron sin saber a dónde ir ni qué hacer. La mayoría de los dueños de esclavos no querían obedecer la ley. Pero, con el tiempo, la agitación pasó y los antiguos esclavos aprendieron a vivir en libertad.

Muchos de ellos, sin embargo, estaban en una situación difícil, viviendo peor, tratando de encontrar trabajo para sobrevivir y trabajaban tan duro como si todavía estuvieran esclavos

Cuando mi padre falleció, invité a Pedro a trabajar en mi finca y aceptó. Era alegre y muy coqueto; no quería casarme y cambiaba mucho de pareja.

Fue Pedro quien fue a la ciudad a sacar los productos de la finca.

Tuve cinco hijos y un varón, el mayor, Alejandro, que era moreno, casi mulato, de ojos verdes. Era muy guapo y desde pequeño le gustaba acompañar a Pedro, que lo cuidó como si fuera su hijo.

Pedro, en una de sus aventuras, tuvo un hijo, y la madre del niño lo dejó con él. El niño se crio con mis hijos y era mucho más joven que Alejandro.

Alejandro se hizo joven y acompañaba a Pedro a todas partes.

- ¡Para mí, todo estuvo bien! Pero los dos me escondieron el romance – dijo Josías suspirando.

Josías recordaba el pasado, y las escenas eran tan fuertes en su mente que lo hacían suspirar, sonreír, exclamar y pronunciar frases en voz baja.

- Nana incluso trató de advertirme.

- ¡Josías, nuestro hijo está enamorado! - siguió recordando Josías -. Si estás saliendo con una chica, ¿por qué no nos lo dices? ¿Pasa algo?"

Con tantas cosas por hacer, ni siquiera le presté atención a mi hijo hasta que vino Pedro a hablar conmigo.

- Siñó Josías, estoy preocupado por el chico Alejandro. Está enamorado de una chica, Margarita, pero su padre seguramente no permitirá que salgan. Su hijo está sufriendo mucho.

- Pero ¿cómo dejaste que se involucrara con alguien que no conocemos? - Pregunté indignado.

Pedro sonrió, porque sabía que la pregunta no tenía respuesta. Nadie puede hacer que el otro ame o no.

- Dime todo lo que sepas - le pedí.

Pedro contó tratando de resumir los hechos:

Alejandro vio a Margarita, que siempre iba de compras con la mucama. Al principio, solo intercambiaron miradas; luego saludos y frases y termino arreglando encuentros en lugares ocultos. Su padre, una persona importante, ya le había arreglado un novio de una familia amiga, que también era rica.

Cuando supe quién era el padre de Margarita, entendí que ese noviazgo era imposible. Ese hombre nunca permitiría que una de sus hijas se casara con alguien descendiente de negro, que era moreno e hijo de un pequeño granjero.

Los dos se enamoraron - continuó contando Pedro -, e intercambiaron votos de amor. Son esos juramentos los que me preocupan, señor. Se juraron amarse para siempre y si el padre de ella separándolos, impidiendo que estén juntos, se matarán unos a otros.

- ¡Dios mío! - Exclamé aterrorizado.

Yo estaba muy molesto y preocupado y le dije a mi esposa. Incluso tratamos de encontrar una manera de ayudarlos.

- ¿Y si los ayudamos a ambos a escapar? - Preguntó Nana.

- ¿A dónde? – Pregunté -. Su padre, que tiene fama de ser rencoroso y cruel, los encontraría y los mataría. Después, no tenemos dinero para enviarlos lejos. ¿Y cómo deshacerse de ellos? ¿Margarita de su casa?

Hablamos con Alejandro y nos dimos cuenta que nuestro hijo estaba muy enamorado. Luego tratamos de persuadirlo para que olvidara. No tuvimos éxito. Teníamos miedo por nuestro hijo y lo que podría pasar con los dos amantes.

Su padre finalmente se enteró, la encerró en la casa, apresuró su boda, fijó la fecha y actuó con violencia. Ordenó a sus hombres, *yagunzos*, esperar a Alejandro y Pedro y atacarlos en el camino cuando regresaban de la ciudad a la granja. Eran cinco hombres fuertes; los dos incluso se defendieron, pero resultaron gravemente heridos.

Nana lloró mucho al ver a los dos llegar al lugar muy heridos. Además, les robaron todo el dinero que recibieron por la venta de los productos. Lo entendí, mi hijo sufrió más moralmente que por sus heridas. Alejandro estaba desesperado por no poder ver más a su amada y por saber que pronto se casaría con otro.

Como todos los amantes, encontraron una manera de comunicarse. Una empleada de confianza de Margarita le llevó a Alejandro una carta de amor en la que se despedía de él.

Intenté consolar a Alejandro, ayudarlo a que no sufriera tanto.

- Papá - declaró Alejandro - amo a Margarita. Creo que siempre la he amado y la amaré por la eternidad.

—Hijo —argumenté—, eres joven, y esa pasión, tan natural a tu edad, pasará como una fuerte lluvia de verano. La olvidarás y pronto estarás enamorado de otra persona.

- ¡Nunca! - dijo Alejandro con convicción -. Solo la amaré a ella. ¡Papá, nuestro amor es hermoso! ¡Nacimos el uno para el otro! Margarita es dulce, hermosa y pienso en ella todos los días, momentos cuando estoy despierto y cuando duermo, sueño que estamos juntos. No te imaginas cómo recuerdo nuestros encuentros. La amé tan pronto como la vi, mi corazón se aceleró cuando ella me sonrió. Pensé que estaba soñando cuando accedió a reunirse conmigo.

- ¡Pero Margarita se despidió de ti! ¡Esa carta es clara! Si ella entendió que lo mejor para ti es separarse, tú también deberías entenderlo."

- ¡Esta es una despedida diferente! Ella dijo que me ama y que como yo, me amará por la eternidad.

Había leído la carta. Era una hermosa misiva de amor en la que ella prometía amarlo para siempre y al final una frase que solo entendí después. "Alexander, nos encontraremos en el cielo, entonces seremos felices."

- La eternidad es mucho tiempo. Este amor pasará. Sé que estás sufriendo. Sufrir por amor es parte de la vida. No eres el primero ni serás el último", volví a intentar convencerlo.

- Está bien mi padre, no te preocupes. Debes tener razón. ¡Esto pasará! - Alejandro parecía más resignado, y aunque entristecido por el sufrimiento de mi hijo, pensé que eventualmente se olvidaría de ella.

- Pero Nana continuaba muy preocupada y con miedo que nuestro hijo cometiera algún acto peligroso. ¿Creyó que podría ir a la casa de Margarita y hacer que su padre enviara a azotarlo de nuevo. Le pidió a Pedro que lo cuidara.

Pero la tragedia golpeó. Cerca de donde vivíamos, en la finca vecina, había un río caudaloso, y en un punto entre las montañas se formó un pequeño lago, con aguas profundas, donde pescaban muchos hombres de la región. Alejandro dijo que iba a pescar para distraerse y Pedro lo acompañó. Pero su vigilante estaba interesado en una mujer que vivía cerca y decidió, animado por Alejandro, visitarla mientras pescaba. Después de la visita, Pedro volvió al lugar donde estaba mi hijo. Solo vio la canoa en medio del agua. Lo llamó pero nadie respondió.

Aterrorizado, gritó desesperado y pronto se acercaron algunas personas que trabajaban cerca. Un niño informó que había visto a Alejandro subirse a la canoa con una piedra enorme y se dio cuenta también que tenía una cuerda.

- ¡Dios mío! - exclamó Pedro - Él realmente trajo una cuerda, dijo que quería amarrar la canoa al otro lado. ¿Qué hizo ese niño?

Quería saltar al agua, pero no sabía nadar, y alguien tuvo el sentido común de detenerlo. Pronto trajeron otra canoa y Pedro fue con otros dos hombres a la que Alejandro utilizará. Estaba vacío. Solo había una nota, un trozo de papel, debajo de una pequeña piedra. Uno de los hombres lo leyó en voz alta:

"Padre, madre, Pedro, perdóname. Cumplo mi juramento."

No lo firmó, pero la letra era de Alejandro.

Pedro se desesperó y gritó en voz alta inconformista. Los hombres se sumergieron y encontraron a Alejandro en el fondo del lago atado por los pies a una gran piedra. Vinieron a avisarme.

- Alejandro sabía nadar y prefería amarrar la roca para asegurarse que se hundiera - expresé con tristeza.

Incluso después que habían pasado tantos años, esos recuerdos me entristecieron. Los recuerdos notables son así: nos hacen sonreír y, a veces, nos entristecen tanto que lloramos.

Y, como siempre en situaciones así, los familiares se culpan a sí mismos, Pedro lo hizo aun más. Él se encargó de vigilarlo y se descuidó.

- No te culpamos - le dijimos muchas veces.

Pedro amaba demasiado a Alejandro y lo engañó. Sufrimos mucho.

Tres días antes de la boda de Margarita, ella desapareció. Nadie sabía de ella, buscaron en el lago, no encontraron el cuerpo. Todos pensaron que la niña se había suicidado mientras cumplía el imprudente voto de amor.

Familias afligidas, sufriendo, su padre se arrepintió, incluso me pidió perdón. Yo, en ese momento, dije que no lo perdonaba. Pero pasó el tiempo y volvimos hablar y perdonarlo. Después de todo, sufrimos mucho.

Pedro se deprimió demasiado. Se volvió callado, triste, trabajaba mucho y comía poco. Siempre decía: "¡Alexander murió por mi descuido! ¡Soy culpable! ¡Todavía debo cuidar de él!"

Pedro se enfermó. En toda la región, muchas personas estaban enfermas, una fiebre alta fue la causa de algunas muertes. Yo cuidé a los enfermos en mi lugar y Pedro con todo el cariño. Pedro, sintiendo que se iba a morir, me dijo: "Señor, creo que me voy a morir. Cuide a mi hijo, por favor. Yo cuidaré al suyo. Dicen que cualquiera que se suicida se va para el infierno. Muero y voy allí y cuido de Alejandro. Haré bien mi trabajo, esta vez no fallaré. ¡Cuidaré de él, lo prometo!"

- "Criaré a tu hijo como si fuera mío. ¡Muere en paz!", le prometí, conmovido. Pedro desencarnó, y yo cuidé a su hijo, que creció fuerte y se convirtió en un buen hombre. Desencarné viejo y cuando llegué a la espiritualidad, quise saber de Alejandro y Pedro Y fue Nana, que ya llevaba un tiempo desencarnada, quien me dio la noticia:

"Josías, mi esposo, Pedro se reencarna y Alejandro ahora es su hijo. Nuestro niño es un bebé. Este gran amigo cumplió la promesa que te hizo, así como tú cumpliste la tuya. Cuidó y cuida a Alejandro. Te contaré todo lo que pasó. Margarita no se suicidó. Su prometido tampoco quería casarse, amaba a otra chica, prima suya. Y fue esta chica quien la ayudó a escapar. Mientras se hospedaba en la casa de Margarita para la boda, planeó todo y la ayudó a escapar solo con la ropa en el cuerpo. La noche. Margarita saltó por la ventana, uno de los sirvientes de su prometido la llevó a caballo a otro pueblo y de allí, en carruaje, viajó durante dos días y fue a un convento. Cuatro días después se fue con otras monjas a otro país. Años más tarde, Margarita incluso escribió cartas a sus padres, pero ellos no las recibieron. Como no obtuvo respuesta, sintió que no había sido perdonada y no escribió más.

Nana tomó un breve descanso y continuó informándome:

- Entonces, Josías, Margarita no murió. Ella sufrió mucho con el suicidio de su amado, incluso pensó en suicidarse, pero no tuvo el coraje. Se hizo religiosa, fue muy caritativa y oró mucho por Alejandro. Y, como saben, el prometido de Margarita, meses después de su desaparición, se casó con esa chica, su prima; ellos se aman.

- ¡Tanto mi amigo como mi hijo están viviendo en otros cuerpos! ¿Entonces el castigo eterno no existe? - Pregunté.

- No, Josías, Dios no castiga a sus hijos. Ese castigo eterno y cruel no existe. Creímos mal. Basta analizarlo para comprender que Dios es una bondad inmensa y no nos haría esto a ninguno de nosotros.

A pesar que el suicidio es una falta grave. Alejandro sufrió mucho, permaneció durante años en un lugar llamado Valle de los Suicidas, donde se sintió asfixiado. Pedro, cuando desencarnó, estaba confundido y quería acercarme a nuestro hijo, pero no sabía cómo. En una reunión espírita, en la que varias personas se reunieron para orar, adoctrinar e iluminar a los desencarnados nuestro amigo fue guiado. Había sido visto deambulando por el lugar por uno de sus miembros, un médium clarividente, quien lo condujo a la reunión. Ayudado, protegido en un Puesto de Socorro entendió que para ayudar hay que saber. Preocupado por ayudar a Alejandro, hizo un esfuerzo por aprender y pronto se volvió útil.

Todo su tiempo libre lo pasaba con nuestro hijo. Las oraciones de Margarita y el cariño de Pedro hicieron que Alejandro se arrepintiera y suplicara ayuda, a eso vino. Nuestro chico fue llevado a un hospital para suicidas. Pedro se transfirió allí y lo cuidó.[8]

- ¡Tenemos que agradecer a Pedro! - exclamé.

- Sí, estamos agradecidos. Josías, nuestras acciones, ya sean buenas o malas, son nuestras, y las consecuencias de ellas se reflejan en nosotros mismos. Pedro actuó con bondad y amor para con nuestro chico, que ahora es su hijo, y este aprendizaje le hará expandir ese amor y hacer el bien a más personas. El amor es una joya de rara belleza.

Y quién aprende a amar de verdad y sin egoísmos, tiene un tesoro que te acompañará por siempre. Nuestro amigo tendrá nuestra gratitud y seguramente podremos ayudarlo cuando lo necesite.

- ¿Existen reglas para esta ayuda? - Pregunté.

- Sí - respondió Nana -, no podemos hacer que la lección del otro sea para su propio aprendizaje. Pero podemos guiarlo, aconsejarlo y estar cerca de él para consolarlo.

Pronto me adapté al plano espiritual, aprendí muchas cosas, me volví útil y siempre visitaba a Pedro y Alejandro.

Margarita también había desencarnado, llevaba cinco años en la espiritualidad. Fue rescatada tan pronto como su cuerpo físico

---

[8] En la mayoría de los suicidios quedan las secuelas, las consecuencias de su acto temerario. Algunos logran tener un mayor entendimiento para tratar de reparar este error que cometido contra sí mismo, contra un cuerpo que recibió para encarnarse y hacer el bien a los demás. Pero necesitan un aprendizaje en el que el sufrimiento enseñe dar valor al vehículo que utiliza el espíritu para manifestarse en el plano físico. Así, Pedro planeó y reencarnó para recibir a Alejandro como hijo, sabiendo que él enfermaría y desencarnaría joven. Pedro, al principio pensó en hacer esto por la promesa que le había hecho a Josías, pero comprendió que amaba a Alejandro como a un hijo y, por amor, lo quería cerca a él (N.A.E).

terminó su función. Lo primero que quería saber era sobre Alejandro, su gran amor. Agradecida por la inmensa bondad del Creador, que da a todos sus hijos la posibilidad de regenerarse, dio gracias porque Alejandro estaba teniendo otra oportunidad y empezó a estar con él siempre que podía cuando estaba encarnado. Ella fue a visitarlo a la escuela y cuando la vio, no la reconoció, pero sintió que era alguien que le importaba.

Se hicieron amigos.[9]

---

[9] Difícilmente una persona recién desencarnada sabe inmediatamente acerca de sus vidas pasadas. Para que esto suceda, se necesita una razón fuerte. Algunas personas recuerdan cuando encarnan de sus otras existencias y estos recuerdos son más fuertes y con detalles en la espiritualidad. Algunos reencarnan sin estos recuerdos, nosotros necesitamos estructurarnoa para ciertos recuerdos, como el de Alejandro, que incluían suicidio y escenas de gran sufrimiento. Solo lo sabrá cuando esté listo y estos recuerdos ya no nos dañan ni obstaculizan nuestro progreso. Josías, Nana y Margarita son para Alejandro personas con las que simpatiza – amigos quienes amará y de quien recibirá amor. Aun así, lamentablemente, tenemos que tener razones para querer amar a alguien, pero seguramente algún día aprenderemos a amar a todos, como Jesús nos enseñó (N.A.E.).

9 - Trabajo voluntario

Josías volvió su atención a Pedro, olvidando sus recuerdos, cuando escuchó a Waldemar gritar:

-¡Pedro! ¡Teléfono para ti! ¡Es del hospital!

- ¡¿Hospital?! - Preguntó confundido. Por un momento pensó que algo le había pasado a Alejandro. Sin embargo, recordó que su hijo había muerto...

Contestó.

- Sí, señora, me voy mañana por la mañana. ¡Gracias!

Waldemar había dejado de trabajar y se quedó al costado intentando, curioso, escuchar y pensar:

- Me pregunto qué quiere la gente del hospital de Pedro.

- La trabajadora social de la sala de niños del hospital me pidió que fuera allí porque el doctor Édio quiere hablar conmigo. Me voy mañana por la mañana a las ocho. ¿Qué quieren ellos? - Pedro habló preocupado a Waldemar.

- No debe ser nada importante - opinó Waldemar -. A lo mejor tienes que firmar algún documento, o algún objeto de Alejandro estaba ahí y lo quieren devolver.

- Debe ser eso - asintió Pedro más aliviado -. Efectivamente, allí quedaron objetos de mi hijo, como la guitarra, los juegos, los juguetes, que yo doné al hospital.

- A veces, para hacer estas donaciones es necesario firmar papeles - concluyó Waldemar.

- No quería volver al hospital. ¡Definitivamente estaré muy triste! - Exclamó Pedro.

- Ya no está tu hijo, pero sí sus amiguitos. Ve mañana y resuélvelo de una vez.

- Sí, voy. Todos los que trabajan allí son buena gente, siempre nos trataron bien, me dejaron entrar fuera del horario de visitas.

Al día siguiente fue Pedro, y Josías lo acompañó.

En la recepción, le pidieron que fuera a la oficina del Dr. Édio. Pedro, ansioso, lo esperaba en la habitación contigua. Recordó las veces que esperó allí a que el médico se enterara de su hijo. Quería tanto escuchar que su hijo sanaría, pero con cada encuentro, las esperanzas disminuían.

La puerta se abrió y el Dr. Édio lo recibió con una sonrisa de bienvenida.

- ¡Pedro, entra! ¿Cómo estás?

- ¿Bien gracias a ti y tú? ¿Me llamaste? ¿Algo para firmar? Los objetos de Alejandro, los doné y...

- Pedro - interrumpió el médico -, estoy bien, gracias. Y nuestro trabajo aquí es como siempre. ¡Necesitamos voluntarios! Nuestros niños necesitan ser animados. ¿Por qué no volviste? Te echamos de menos.

- Doctor Édio, vine aquí por mi hijo y...

- Quiero pedirte que nos visites de nuevo. Los chicos han estado preguntando por ti. ¡Ven a verlos!

- ¡No creo que pueda! Es difícil entrar al baño de los chicos y no ver a Alejandro - expresó Pedro conmovido.

- Te puedo asegurar que no será difícil. ¡Lo conseguirás! Los ganaste por el cariño, y los amigos no se abandonan. Ven – pidió el médico.

Pedro se levantó, se despidió del Dr. Édio con un apretón de manos y caminó por los pasillos con el corazón acelerado. Se reunió con enfermeras, con personal de limpieza. Lo saludaron con cariño.

- ¡Pedro, me alegro que hayas venido! ¡Los niños te extrañan!

- ¡Me alegro de verte! Alejandro ciertamente está orgulloso de su padre - dijo la trabajadora social al verlo.

- ¿Crees que mi hijo ve lo que hago? - Preguntó Pedro.

- Bueno... ¡No lo sé! El doctor Édio cree que sí. Si Ale lo ve o se entera que está visitando a sus amigos, seguramente se alegrará - trató de explicar la chica.

Pedro, emocionado, entró en la sala donde su hijo había estado tantas veces y durante tanto tiempo.

- ¡Buenos días chicos! - saludó Pedro hablando en voz alta.

- ¡Por qué, es la cara de melón! ¡Buenos días amigo voluntario! - respondió César. Casi todos los internos lo conocían y los abrazos eran fuertes.

- ¡Pedro, escucha! Te hice una rima - dijo Rodrigo -. ¡Pedrón, comiste carbón, por eso te pusiste negro como un tizón! Lo siento por el carbón, pero no pude encontrar otra palabra para rimar.

Risa. Pedro se presentó a los demás, recitó algunas estrofas que no rimaban y los chicos se rieron. Tocaron la guitarra y cantaron; otros niños vinieron, se establecieron en la sala y participó en los juegos. Pedro les ayudó a comer a la hora del almuerzo. Al mediodía, Pedro se despidió prometiendo volver todos los días por la mañana. Pedro se fue tranquilo, disfrutando de estar nuevamente con los niños. Su hijo ya no estaba enfermo y sufriendo, pero los hijos de otras personas sí lo estaban.

- ¡Volveré! - Afirmó Pedro con decisión.

- ¿Por qué no lo pensé antes? - Expresó Josías, hablando en voz alta -. Este amigo mío seguramente ya no querrá morir, ocupando su tiempo en este maravilloso trabajo voluntario. Y espero que no se meta en más problemas. Pedro le contó emocionado a Waldemar acerca de conocer a los chicos.

- ¡Fue bueno verte! Volveré todas las mañanas. En este momento, hay pocos voluntarios. Me despierto temprano, voy al hospital, luego vengo aquí, en la noche limpio la casa y lavo la ropa.

- ¡Estás actuando bien! - opinó Waldemar.

- El voluntariado - explicó Pedro - es importante tanto para quien lo hace como para quien lo recibe. Esos niños se quedan ahí en el hospital sin hacer nada y no es bueno disfrutar de la enfermedad. Sufren dolor por la ausencia de familiares y amigos, les gustan las visitas, las conversaciones alegres, cantar y jugar.

Pasaron dos semanas sin problemas. Pedro trabajó demasiado; en el bar, hizo bien su trabajo, fue organizado y mantuvo el lugar impecablemente limpio. Por la noche, aunque cansado, se ocupó de la casa. Estaba, por lo tanto, comiendo y durmiendo bien.

Y ahí estaba yo en el hospital, todas las mañanas reunía a muchos niños en una sala o en una habitación, donde cantaban, reían y conversaban. Lleva al sujeto a temas divertidos y dijo que necesitaban tener entusiasmo y esperanza.

- ¡Robertito, estás triste! ¿Qué sucedió? - Pedro le preguntó a un niño.

- Es que el jefe de mi madre no la deja venir a verme. La extraño, solo la veo el lunes.

- Pero tu abuela siempre viene, ¿no? - Preguntó Pedro.

- Viene, sí. Siempre viví con la abuela para que mamá trabajara. Las amo a las dos - explicó el chico.

Pedro, después de despedirse de los chicos, fue a hablar con la trabajadora social y le preguntó por Robertito.

- El nombre de su padre no está en su registro. La madre trabaja en un burdel, es prostituta.

Pedro sintió pena por él y decidió ayudar a Robertito, y Josías estaba preocupado. El burdel donde trabajaba la madre del niño, Noêmia, era un lugar peligroso; el dueño, un hombre de mala reputación y violento. Y, Pedro estaba pensando en cómo ayudar. Y encontró una manera. Uno de los pacientes, Leonardo, Leo, con cáncer de estómago, fue a una habitación privada. Pedro pasaba todos los días por la habitación y lo llevaba a donde iba a reunirse con los demás. Leo era hijo de un hombre rico, y todos hablaban que el sujeto estaba involucrado en negocios turbios, tráfico, juegos clandestinos y quién sabe qué más.

Leo, como todos los chicos, hablaba de él, de la familia con Pedro y por eso sabía que su padre quería conocerlo porque el chico hablaba mucho de él. Este caballero iba al hospital todas las tardes.

- Waldemar - dijo Pedro -, mañana necesito quedarme más tiempo en el hospital para solucionar un problema. Pasaré por el bar más tarde y haré el trabajo.

- Está bien Pedro, ni siquiera eres mi empleado. Creo que ya me pagaste. Quiero pedirte que te quedes ayudándome hasta que regrese Lair. Te pago un pedido.

- No puedo negarte un favor. ¡Aceptado! Así pago mis deudas más rápido - respondió Pedro.

Pedro comió un refrigerio a la hora del almuerzo y jugó con los niños hasta que vio llegar al padre de Leo en un carro importado con guardias de seguridad.

- ¡Es rico, importante y su hijo está enfermo! ¡Sufre como los pobres!

Llamó a la puerta de la habitación de Leo y cuando se abrió, Leo al verlo gritó feliz:

- ¡Pedrón, cara de melón! ¡Entra! ¡Este es mi padre! Se presentaron y el hombre dijo:

- ¡Pedro, muchas gracias! Leo habla mucho de ti, de los juegos que promocionas. Tuviste un hijo enfermo, ¿no?

Hablaron unos minutos y Pedro preguntó:

- Señor, venga conmigo al salón, quiero hablar con usted.

El padre de Leo pensó por un momento; Sospechosamente abrió la puerta y miró hacia el pasillo. Le hizo señas a Pedro para que saliera primero, cerró la puerta y se apoyó contra la pared.

- ¡Hable! - Pidió.

Pedro habló rápidamente:

- Señor, tenemos un niño en la enfermería, Robertito, cuya madre trabaja en un burdel... y su jefe no la deja ir a ver a su hijo. Quiero ayudarlos, pero creo que necesito su ayuda señor. ¿Me puede dar algún consejo sobre cómo actuar para hacer más feliz a Robertito?

- Claro que conozco al dueño de ese burdel, no es mi amigo pero tampoco es mi enemigo. No nos entrometemos en los asuntos de los demás. Pero como estoy con uno de mis niños enfermos, me conmueve esta historia. Sin entrometerme, ¿cómo puedo ayudarte?

- No pensé en involucrarte - dijo Pedro -. Solo quiero saber cómo puedo hacer para que me reciba, quiero ir allá y hablar con el tipo.

- Bien...

El padre de Leo se quedó callado, pensando, hasta que habló con la expresión de quien ha encontrado la solución:

- Llame a este número en la noche - escribió en un papel - Dígale al tipo, el dueño del burdel, porque él será quien responda, que alguien de la BAJO. Me reuniré con él mañana a las cuatro para hablar. Y tú, Pedro, vienes bien vestido, con camisa de manga larga. Irás en mi carro y con mi seguridad a reunirte con él. No hables demasiado en la cita. Solo di que sabes cosas y H.Y.O. Y que quiere que suelten a Noêmia, y si es posible, todos los días por la tarde.

No es necesario que entienda estas siglas. Y no digas que fui yo quien te dio esta información.

- ¿Será verdad? - Preguntó Pedro.

- Dijiste que quieres intentarlo, pero si quieres rendirte, olvídalo. Es violento, pendenciero y muy peligroso - dijo el padre de Leo.

- ¿Me puede matar? - Preguntó Pedro, animándose.

- No si cree que eres alguien importante, amigo de L.O.W.

- Ni siquiera quiero saber quiénes son estos tipos. Como yo tampoco quiero herirte. Incluso podrían matarme, pero no menciono tu nombre. Estás siendo amable con nosotros. Tu ayuda sin duda hará felices a Roberto y su madre.

- Pedro, tu no conoces nuestro negocio - dijo el padre de Leo sonriendo -. No te digo nada que muchos no sepan. Tenemos un gran jefe, un hombre que recibe un porcentaje de nuestro negocio, que no sabemos quién es. BAJO es una contraseña y muchos saben que el jefe se llama así.

Pedro se fue esperanzado. Seguramente ayudaría a Robertito a ver más a su madre y, si tenía suerte, el tipo lo mataría y se iría al cielo, cerca de su hijo.

Acordó con Waldemar que él también llegaría más tarde el otro día. Esa noche fue a la centralita y marcó el número que le había dado el padre de Leo. Habló con tono autorizado tan pronto como el sujeto respondió:

- BAJO. Va a enviar un representante a verte mañana a las cuatro.

Al escuchar, el sujeto respondió "Está bien" y colgó.

Al día siguiente, se puso la mejor ropa que tenía y fue al hospital. Y los niños, cuando lo vieron, se asombraron e hicieron unas rimas, como esta:

- Pedrón está bien arreglado, ¡parece un regalo decorado!

A la hora prevista, Pedro se dirigió a la habitación de Leo. Su padre dijo:

- Puedes irte, Pedro, mis empleados te están esperando.

- ¡Muchas gracias! – Agradeció a Pedro y, dirigiéndose a Leo, le dijo:

-¡Leo, tienes un padre maravilloso! Me está haciendo un gran favor.

- ¡Me alegro, Pedro! - Exclamó el chico -. Me alegro que papá te haya ayudado. ¡Eres mi amigo y me gustas!

Su padre sonrió al escuchar eso de su hijo. Había valido la pena ayudar a ese loco. El carro era diferente al que Pedro había visto el día anterior, y dos hombres armados lo acompañaron al lugar de encuentro, el burdel. Escuchando su conversación, Pedro entendió que el auto que conducían había sido robado esa mañana en otro pueblo. Detuvieron el auto y uno de ellos le mostró a Pedro un edificio moderno con un gran cartel que indicaba que era una discoteca. No parecía haber nadie en ese momento o que estaba cerrado.

- Es aquí - dijo el otro escolta -. Irás solo. Abre la puerta del coche y ciérrala rápidamente. No es bueno que nos vean. Vuelve como estaba previsto en quince minutos.

Te esperamos durante media hora; si no vuelves, nos vamos. Toca el timbre de esa pequeña puerta del lado izquierdo. ¡Buena suerte!

Los vidrios de los autos estaban polarizados y era imposible ver quiénes y cuántos estaban adentro. Pedro abrió la puerta, salió rápidamente, se dirigió a la entrada indicada. La puerta se abrió poco después que sonara el primer timbre.

- ¡Entre!

Pedro entró, admiró el lugar. Nunca antes había estado en un club nocturno o en un burdel. La casa era lujosa; se dio cuenta que estaba siendo observado, caminó con calma.

"Me miran con caras poco amistosas", pensó.

Sabía por escuchar los comentarios que el crimen organizado abundaba en la ciudad. Muchas personas estaban al tanto de esta organización, comentaron que personas importantes llamaron honestos, formaron parte de ella o le dieron protección.

Cruzó dos corredores siguiendo a un hombre y se dio cuenta que otros dos estaban detrás de él. Se detuvieron frente a una puerta, el que los conducía tocó levemente, abrió y ordenó de nuevo:

- ¡Entre!

Los tres entraron a una habitación con él y no ocultaron que iban armados.

- El jefe vendrá a asistirlos - informó uno de ellos. De hecho, segundos después, se abrió otra puerta y entraron tres hombres y uno de ellos se sentó frente a un escritorio. Como nadie invitó a Pedro a sentarse,

Él se puso de pie. Se miraron el uno al otro.

- ¿BAJO ahora enviar negros a hablar con nosotros?

Pedro no respondió, solo lo miró desafiante. Otro entró en la habitación, le susurró al que estaba sentado, que Pedro dedujo que era el jefe. Escuchó:

- El coche es robado y no se ve cuantos hay dentro.

El tipo sentado allí encendió un cigarrillo; aparentaba unos cuarenta y cinco años y era calvo. Se volvió hacia el visitante y le preguntó:

- ¿Qué es lo qué quieres?

- ¡Muchas cosas! - Pedro respondió, sonriendo.

El hombre golpeó con fuerza la mano en el escritorio, los otros cinco estaban alerta y sobresaltados por la osadía del visitante.

- ¡Pero, vengo aquí por uno y lo quiero! – Pedro habló con calma, apoyando las manos sobre el escritorio y mirando al dueño del burdel.

- ¿Estás en condiciones de exigir? - preguntó el jefe -. De BAJO, muchos lo saben.

- ¿Qué hay de H.Y.O.? - Preguntó Pedro.

Pedro notó que cambiaron de expresión. Hubo un silencio en la habitación que incluso era posible escuchar los mosquitos volando. El jefe aplastó su cigarrillo en un cenicero, volvió a mirar a Pedro, quien lo miró desafiante.

- ¿Que quieres? - Preguntó el dueño del burdel en voz baja.

- Quiero que Noêmia, una de tus chicas, pueda salir todas las tardes. El jefe suspiró aliviado, porque ciertamente pensó que ese extraño visitante le iba a pedir dinero, algo difícil, y él estaba pidiendo una mujer.

- ¡Ah sí! ¿No quieres otra más joven y bonita?

- ¡No! Y que no se descuente de sus honorarios, que no se cumpla. Lo que ella haga durante esas horas no es asunto tuyo. ¿Entendiste? ¿Todo cierto?

- ¡Si claro! - Respondió el jefe, tragando saliva, demostrando estar enojado e indeciso.

- Mañana la quiero libre. Ella no sabe nada y no debería saberlo. Y si a Noêmia le pasa algo que no me gusta... - Pedro habló con autoridad.

- ¡Seguro que no le pasará nada! - dijo rápidamente el dueño del lugar.

Pedro los miró, dio media vuelta y salió de la habitación, recorrió los pasillos sin mirar atrás ni a los lados; él mismo abrió la puerta de salida y rápidamente subió al auto.

- ¡Podemos irnos! – Les dijo a los dos que lo estaban esperando. El coche salió a gran velocidad.

- Fíjense bien, a ver si no nos siguen - dijo el chofer al otro acompañante y le explicó a Pedro:

- El jefe nos dijo que lo dejáramos frente a una tienda bulliciosa en el centro de la ciudad. Debes bajarte del auto rápidamente, entrar a esa tienda, caminando rápido, pero sin mostrar nada extraño; ve a un baño, cambia tu camisa por una camisa que está en esta bolsa y ponte el sombrero, sal por el otro lado, súbete a un autobús y vete a casa. No es necesario devolver la camiseta.

Vamos a dejar este auto en algún estacionamiento. El jefe pidió que le dijera que se olvidara de todo. No debes decírselo a nadie.

- Nunca traicionaría a alguien que me ayudó. Ya olvidé. ¡Gracias chicos!

En el lugar indicado, Pedro tomó la bolsa, se bajó del auto e hizo todo lo que le recomendaron y se dirigió al bar, ya que trabajaría hasta que Waldemar cerrara el establecimiento.

- Espero que funcione y que Noêmia pueda ver a Robertito más a menudo. ¡Pero qué lástima, no me mataron!", pensó Pedro suspirando.

No sabía si estar decepcionado y triste por no haber muerto o feliz por haber ayudado a un niño enfermo. Josías, que acompañaba a su protegido, estaba preocupado por sus planes. Sabía que el padre de Leo y el jefe de Noêmia eran bandidos que no dudaban en matar.

Cuando Pedro fue a pedir ayuda al padre de Leo, el tipo no quería involucrarse directamente. Como estaba debilitado por la enfermedad de su hijo, se conmovió al saber que otro niño también extrañaba a su madre. La madre de Leo había fallecido y la actual esposa de su padre no se preocupaba mucho por él. ¿Creía que ese hombre que le parecía loco podría tratar de ayudar al niño?

Luego ordenó a sus hombres robar un automóvil con vidrios polarizados en el pueblo vecino e ir al hospital y llevar a Pedro a hablar con el dueño del burdel. Él, el padre del niño enfermo, tampoco conocía al jefe supremo del crimen en la ciudad.

Sabía que existía y se hablaba mucho de él, hasta que quedó negro. Y H.Y.O. era una contraseña conocida solo por algunos de los subjefes locales. Seguramente, el dueño del burdel no comentaría este episodio con nadie. El jefe supremo, como se le llamaba, no lo sabría, pero si lo supiera, ciertamente no le importaría, porque la petición era insignificante. Si algo saliera mal, lo matarían.

Pedro cuando el grupo fue a reunirse, el padre de Leo se arrepintió de haber puesto a alguien en peligro. Pero, ¿cómo no ayudar al amigo de un hijo? Hizo todo lo que pudo por Leo. Se sintió aliviado cuando sus hombres informaron que había funcionado.

Cuando llegaron al burdel, Josías vio que había muchos desencarnados que miraban a Pedro con curiosidad. No hicieron nada. Josías vio que todos los que estaban allí, levaran o no un cuerpo carnal, tenían el aura de colores que portaban los vicios y que algunos eran asesinos. Nadie vio a Josías, solo podrían verlo si él quería, si bajaba su vibración. Los espíritus que allí estaban solo vieron a otros como ellos y a los encarnados.

Josías estaba atento, se dio cuenta que el jefe de Noêmia pensó en darle una lección al entrometido que se atrevió a molestarlo, pero cuando mencionó las siglas H.Y.O., cambió de opinión. Le preocupaba que le exigieran más dinero, pero se sintió aliviado cuando el hombre solo pidió una de sus chicas.

Cuando Pedro salió de la casa, los desencarnados no se acercaron a él, solo observaron, sin saber si estaba acompañado o no.[10]

El dueño de esa discoteca, apenas se fue Pedro, mandó a dos empleados a seguirlos, pero con las maniobras que hizo el chofer del padre de Leo, los perdieron de vista. Más tarde supieron que el vehículo había sido abandonado en un estacionamiento.

El jefe de Noêmia estaba indeciso entre obedecer o no, así que siguió el consejo de sus compañeros. Y escuchó las opiniones:

- ¡Este tipo es muy extraño! No habla jerga. Debe ser alguien importante por la forma en que habla.

- ¡Parece demasiado seguro! Ciertamente no un sirviente.

- Lo que te pide es algo sencillo. No creo que debamos arriesgarnos a no servirle. ¿Si es el jefe supremo o alguien que trabaja directamente con él?

---

[10] Los desencarnados que estaban allí no interfirieron por varias razones. Primero, les pareció extraño que una sola persona entrara y confrontara al dueño del burdel y sintieron al visitante confiado, sin miedo. Aparece el sentimiento de miedo y muchos encarnados lo notan en otros, la mayoría de los animales perciben este sentimiento. No puedes esconderlo de los desencarnados. La pandilla estaba allí para vampirizar y disfrutar de los placeres junto con los que aun estaban en la materia, y para no confrontar. No pudieron saber si Pedro estaba acompañado o no por los espíritus y no quería arriesgarse a acercarse.

Si estaba acompañado y no lo podían ver, o era porque eran siervos del Cordero, o sea, eran buenos y con los que no podían, o eran espíritus malignos e inteligentes, jefes umbralinos, a los que tampoco convenía enfrentarse (N.A.E.).

Podemos ser perjudicado por algo fácil de hacer. Y podemos elevarnos en la opinión del jefe sirviéndolo y complaciéndolo.

Pero lo que más impresionó al jefe de Noêmia fue escuchar las iniciales secretas. Decidió hacer lo que se le impuso. Mandó llamar a Noêmia y le dijo secamente, sin darte explicaciones:

- ¡Tendrás las tardes libres y tu salario será el mismo!

Ordenó que la siguieran durante unos días y cuando supo que iba al hospital a ver a su hijo enfermo, no entendió, pero cumplió la orden.

Pedro se alegró de ver feliz a Robertito, y el niño le dijo nada más entrar a la habitación:

- Pedro, mamá vino ayer y me dijo que ahora puede venir a verme todos los días. Mi abuela incluso había hecho una promesa para que esto sucediera, dijo que Dios escuchó sus oraciones y ciertamente envió a uno de sus santos para suavizar los sentimientos del jefe de mamá. ¡Estoy tan feliz!

Pedro lo abrazó y le guiñó un ojo a Leo, quien sonrió satisfecho comprendiendo y se fue a cantar.

Josías, aunque había estado preocupado por las actitudes de su protegido, también sonrió feliz.

- ¡Ese funcionó! - Exclamó aliviado.

A Josías le gustaba ir al hospital. Hizo muchos amigos y conoció a muchos de los que fueron útiles allí. Si hubo muchos encarnados que trabajaron allí, el número de desencarnados fue mucho más grande: algunos médicos, muchas enfermeras, psicólogas y rescatistas que ayudaron desconectando espíritus de cuerpos físicos que detenían sus funciones. Con mucha dedicación y amor, todos los servidores de ambos planos, espiritual y físico, trataron de ayudar a aquellos enfermos a enfrentar y superar aquellas dolorosas dificultades.

Y los equipos desencarnados tenían un cariño especial por los voluntarios del plano material, que aun con tantas tareas se organizaban para ir al hospital y aportar de alguna forma.

Josías, muchas veces quiso sufrir en lugar de uno de los enfermos. Pero eso no es posible, porque cada uno tiene su dolor, que puede ser mitigado por el cariño y el amor de alguien.

Y Pedro siguió con su voluntariado, tan importante para el hospital y para los niños enfermos.[11]

---

[11] Hay muchos lugares donde puedes ser útil: hospitales, escuelas, jardines de infancia, orfanatos, asilos, prisiones, etc. Ya se ha dicho mucho: ¡nuestras acciones nos pertenecen!

¡Tenemos las reacciones de nuestras acciones! ¡Sembramos lo que queremos, pero la cosecha es obligatoria! Los actos y acciones pueden, por nuestro libre albedrío, ser buenos o malos. El trabajo es una acción que podemos tomar para reparar errores, es una valiosa experiencia de aprendizaje. Es un tesoro que la polilla no destruye, o la siembra que nos dará abundancia de buena cosecha. ¡Felices los que entienden esto y lo practican! (N. A. E.).

10 - Nuevos amigos

Pedro llegó al bar y encontró a Waldemar preocupado.

- ¿Qué sucedió? - Preguntó.

- Recibí una llamada de mi hermana, quien dijo que mi madre está enferma. Creo que debería ir a verla. Hace dos años que no la veo - respondió Waldemar.

A Pedro siempre le sorprendió que Waldemar hablara poco de sí mismo. Lo que yo sabía de él era que vivía solo, era soltero, había venido de otra ciudad y compró ese establecimiento, una mezcla de supermercado y bar. Trabajaba duro, era querido, buena persona, y todos lo querían.

- ¿No quieres desahogarte, Waldemar? Puedo escucharte y aconsejarte como si fuera tu padre.

- ¡¿Padre?! - Expresó Waldemar sonriendo.

- Tal vez no tengamos mucha diferencia de edad, debo ser mayor que tú unos pocos quince años. Pero el sufrimiento me maduró. Si padre no sirve, amigo, entonces? Waldemar se sentó e invitó a Pedro a sentarse a su lado y le dijo:

- Creo que tienes razón, Pedro, me desahogo contigo. Mi padre falleció hace diez años. Viví con mi madre y una hermana, tengo otra casada. De adolescente fui a trabajar en una pequeña fábrica. Era un buen empleado. Conocí a una chica, Anita, y salimos. Pensando en casarme, comencé a ahorrar, estaba seguro que le gustaba, pero un día Anita rompió conmigo diciendo que amaba a otra persona. Más tarde supe que ese otro era mi jefe. Sufrí mucho por la traición y porque la amaba.

Los dos se habían estado viendo durante meses. Ya no quería seguir trabajando en la fábrica y mi jefe ya no me quería como empleado. Hicimos un trato. Resolví mudarme a otra ciudad, vine aquí pensando en comprarme un bar con el dinero del finiquito y lo que tenía ahorrado. Y aquí estoy yo. Nunca volví allí. Mamá y mis hermanas han estado viniendo a verme. Como ha estado enferma, hace tiempo que no nos vemos y ahora me pidió que fuera para allá. Ya no quería enamorarme.

En estos tiempos solo he tenido algunos asuntos menores a lo largo de los años.

- Waldemar - dijo Pedro -, ve a ver a tu madre, nosotros nos encargamos del bar por ti. ¡Puedes confiar en mí! Esto lo cuido aquí mejor que si fuera mío, porque es de un amigo a quien le debo tanto. ¡Con calma! Viaja hoy, ve a abrazar a tu madre. Y ahí, no quieres ni saber del resto.

- ¿El resto habla de Anita? No sé si todavía la amo. Me gustaba demasiado. Sufrí mucho. Nunca volví a saber de ella, le pedí a mi familia que no me hablara de ella y ella me respondió. ¡Voy a ver a mi madre! Es el deber de un hijo. Y luego la quiero mucho y estoy preocupado.

- Sí, Waldemar, no tienes hijos y tal vez por eso no puedes entender el amor que tenemos por nuestros hijos. Quédate allí el tiempo que sea necesario. Dejar la barra con nosotros, nos encargaremos de todo.

Waldemar se fue temprano en la noche. Se repartían tareas y Pedro regresaba antes del hospital para quedarse más tiempo en el establecimiento.

-¿Por qué Waldemar cierra el bar a las ocho y media de la noche?- Preguntó Pedro a doña Olga, quien trabaja allí desde que su amigo compró la propiedad.

- ¿No sabes de la pandilla que pasa por aquí en la noche? ¿Siempre allí a las nueve en punto? Y si ven el bar abierto, entran y entonces es confusión seguro.

- ¿No pagan lo que consumen? - Preguntó Pedro.

- Pagan, pero les gusta la confusión, las peleas y son bravucones. Si se les contradice, quieren pelear, amenazan con matar. ¡Les tenemos miedo! ¡Son horrores! - informó doña Olga. Pedro estaba emocionado.

- Abro esta noche. Tendremos un partido de fútbol importante y seguro que mucho movimiento. ¡Yo me encargo de este grupo!

- Estoy en contra, si quieres quedarte en el bar hasta más tarde, ¡te aviso que me voy y es tu responsabilidad! - opinó Olga.

Pedro ya los había visto, eran hombres que vestían de negro y tenían motocicletas. No cerró el establecimiento a la hora habitual y, como había pronosticado, estaba ocupado. Doña Olga lo estaba ayudando. Cuando siete motos se detuvieron enfrente, los clientes se fueron y también lo hizo su compañero de trabajo.

- ¿Díganme? ¿Qué quieren beber? - Preguntó Pedro cortésmente cuando entraron.

¡Risa!

- ¡El negro es educado! - Expresó uno de ellos.

- ¿Es usted el nuevo propietario? - Preguntó otro.

- No soy propietario, sino empleado. ¿Como puedo servirle? - Respondió Pedro.

- ¡Cervezas! - Dijo uno de ellos, que parecía ser el jefe.

- ¿No nos tienes miedo? Todos se fueron, solo quedaste tú - dijo el más joven de ellos.

- ¡No tengo miedo! Ni de ti ni de las cucarachas ni las ratas - respondió Pedro con calma.

- ¡¿Como es?! ¿Nos compararon con cucarachas y ratas? ¡El tipo es duro, gente! ¿Y le tienes miedo a una 38?

- ¡Tampoco! - exclamó Pedro mirándolos.

Se quedaron un momento sin saber qué hacer. Todos en la región les temían, no acostumbrados a ser enfrentados aun más por un solo hombre. Miró a al otro. Se rieron, y Pedro también se rio.

- ¿Qué te ríes? - Preguntó quién parecía ser el líder.

- Mi nombre es Pedro y me estoy riendo de ti.

- ¡Y nosotros de ti! - Dijo uno de ellos.

- ¡Estamos a mano! Aquí se paga primero. ¿Cuántas cervezas? - Preguntó Pedro.

Uno de ellos le dio el dinero a Pedro, quien lo revisó y les sirvió.

- ¿Quién eres tío? - Quería conocer a uno de ellos.

- Ya te dije: mi nombre es Pedro y no "hombre" o "negro." Estoy empleado aquí. ¿Que más quieres saber?

- ¡Usted es extraño! - Exclamó el que preguntó.

- ¡Mucho menos que tú! - Respondió Pedro. Se tomaron sus cervezas y se fueron.

Pero, al día siguiente, por mucho que doña Olga pidiera cerrar el bar y Josías lo intuyera, Pedro se quedó allí con el establecimiento abierto. En el momento en que la banda solía pasar, los clientes se iban. Y pronto llegó el grupo. Dejaron las motos en la acera y entraron riéndose.

- ¡Ya sabemos quién eres, negrito! - Expresó uno de ellos -. ¡Es el que la mujer abandonó, un marido traicionado!

Risa. Pedro también se rio.

- No pensé que estarías interesado en mí - dijo Pedro -. De hecho, estuve casado, me separé y ella consiguió otro, para mi tranquilidad. ¿Y quién de ustedes tiene algo que ver con eso?

- ¿Y si te digo que tengo?

- Entonces a él también lo ha traicionado, porque ella está con otro - respondió Pedro y se echó a reír.

- ¡Insolente! ¡Te doy una paliza! - Exclamó el líder.

- ¿Tomas una sugerencia? ¿Por qué no me matas? - Dijo Pedro.

- ¿Usted está loco? ¿Bluff? ¿No tienes miedo?

- Ya te he dicho que no le tengo miedo a las cucarachas, ratas y buitres - respondió Pedro.

- Te pillaré...

El que parecía ser el líder, avanzó hacia Pedro con la mano cerrada, el golpe no le alcanzó mientras esquivaba.

- ¡Motero estúpido y cobarde! ¡Quieres pelear conmigo porque ya estoy viejo! ¡Sabes que me vas a pegar! ¿Por qué no usas tu 38? ¿No eres valiente por eso?

- ¿Este hombre está loco? - Preguntó el que quería pelear mirando a los demás compañeros.

- ¡No me gustó el "buitre"! - Exclamó el más joven.

- Pues les debe gustar, vestidos de negro así, parecen ese pájaro que le gusta la porquería - dijo Pedro.

- Chico, estás buscando problemas. ¡Te aplastaré! - Gritó otro.

- ¡Aquí en el bar no! Vamos afuera. Como ya he dicho, soy un empleado y si rompes algo tendrás que pagar - dijo Pedro con calma y pensó:

- "¡Creo que me estoy muriendo ahora! ¡Seguro que me van a matar a golpes! "

Uno de ellos arrastró a lo que parecía ser el líder a un rincón y susurró algo, lo que escuchó y dio la orden:

- ¡Vamos! Se fueron a toda prisa.- ¡Pero incluso este grupo de matones no se enfrenta a una pelea! - Pedro se quejó.

Josías estaba preocupado viendo los eventos. Acompañaba a los motociclistas encarnados y a muchos desencarnados que también vestían de negro y tenían los mismos gustos. Escuchó lo que se susurró:

- Teo, es mejor saber lo que quiere este tipo. Nadie nos ha enfrentado antes. Si no tiene miedo es porque está seguro que puede con nosotros o está muy loco.

Los desencarnados vieron a Josías pero no hablaron con él, lo observaron con curiosidad y también lo encontraron extraño.

La otra noche entraron al bar, pidieron cervezas, Pedro se las sirvió, ofreció bocadillos, se las sirvió educadamente. Bebieron y se fueron sin provocación. Y así fue por unas cuantas noches más.

Pedro, mientras los atendía, escuchó a uno de ellos decir que su mamá estaba internada en el hospital donde él era voluntario y que estaba preocupado por ella. Se quejó que estaba siendo difícil visitarla porque durante las horas de visita él estaba trabajando.

- Sin querer entrometerme en tu conversación, escuché lo que dijiste y creo que puedo ayudarte. Trabajo como voluntario en este hospital y puedo averiguar sobre tu madre por ti - dijo Pedro.

- ¿Estás empleado allí? ¿Qué es voluntario?

- Voluntario, imbécil, es el que trabaja gratis, sin recibir salario - explicó otro.

- Yo no soy un empleado del hospital - aclaró Pedro -. Tenía un hijo que murió de cáncer. Estuvo internado allí durante muchos meses; iba a verlo y ahora voy a jugar con los niños enfermos. ¿Puedo pedirle noticias de su madre? Dime su nombre y mañana por la noche te diré cómo está.

Le dijo el nombre de su madre. Al día siguiente, Pedro tomó información y en la noche dijo lo que aprendió y lo invitó:

- Si quieres venir conmigo mañana por la mañana al hospital, verás a tu madre. Él, Óscar, aceptó. Acordaron encontrarse en la puerta del hospital. Pedro casi no lo reconoce cuando lo vio al otro día. Óscar explicó:

- ¡A mamá no le gusta verme vestido de negro!

Pedro habló con el encargado, su amigo, y pidió dejar entrar a Óscar. Ella lo acompañó a la sala donde estaba su madre. Pedro se conmovió por el abrazo de los dos, los dejó y se fue a los niños.

Y todas las mañanas Óscar esperaba a Pedro frente al hospital. Por la noche, ahí estaba en el bar. Ya conocía a todos por su nombre y hablaron. Una noche Teo maldijo a Pedro, quien respondió:

- Teo, no quiero discutir contigo. ¡Porque no eres nada! ¿Eres capaz de matarme? ¿No es? ¡Así que no quiero discutir!

- No quiero matarte, pero darte una lección. ¡Pelea conmigo! - respondió Teo, el líder del grupo.

- ¡No sé pelear! - respondió Pedro, a quien no le gustaban las peleas y no quería ser golpeado, sino morir.

- ¡Tómalo, Pedro! ¡Te enseño a luchar! – Se ofreció Óscar.

Apartaron las mesas y Oscar y Jiló fueron a enseñarle a Pedro a pelear y luego a pelear con Teo.

- ¡Mueva el cuerpo lejos! ¡Sé rápido!

- ¡Protégete con tu brazo!

- ¡Ataque con los puños cerrados! - Ellos rieron.

- Algunas prácticas más y estarás listo para pelear con Teo. Seguro que va a recibir una paliza, pero también va a pegar – animó Jiló.

- No sé qué hacer - dijo Teo la otra noche -. El tipo me quiere desalojar del apartamento. Pedro quiso saber que pasaba y encontró la solución.

- Teo, si tienes los recibos que pagaste, el arrendador no te puede desalojar. Pero si no te quiere como inquilino, ¿por qué no se muda? Cerca, justo al final de la calle, están alquilando apartamentos mucho más baratos y mejores que en el que vives. Si quieres, puedo ser tu garante.

- ¿Teo te quiere pegar y te ofreces a ayudarlo? - Preguntó Jiló, quejándose.

- Una cosa no tiene nada que ver con la otra. ¡Si Teo quisiera matarme! Y el otro día Pedro fue con Teo a arreglar su cambio. Se olvidaron de la pelea, pero él siguió entrenando con ellos. Se hicieron amigos. Contaron todos los problemas para Pedro, que estaba tratando de ayudarlos.

- "¡Quién diría que un montón de gente aparentemente desempleada, motociclistas que visten de negro, tenían tantos problemas y dificultades!", pensó Pedro.

Waldemar llamaba casi todos los días, queriendo saber desde el bar si todo estaba bien. Pedro pagó las cuentas, hizo las compras, depositó dinero en el banco.

Waldemar tardó más de lo esperado y al regresar agradeció a los empleados e informó:

- ¡Me vuelvo a mi ciudad!

- ¿Tu madre empeoró? - Le preguntó Pedro preocupado.

- No, mamá está mejor. Cuando llegué allí, ella estaba internada en un hospital, mejoró cuando me vio. Mi madrecita me dijo que su enfermedad me preocupa porque saber que estoy solo en una ciudad grande y peligrosa. Mi hermana que vive con ella se va a casar y mi familia me quiere cerca. Venderé el bar y volveré allí.

- ¿Has revisado todos los amigos? preguntó Pedro.- Pueblito todos se ven - respondió Waldemar -. Hace cinco años que me fui de allí y no he vuelto. Mis hermanas con mamá estuvieron aquí hace dos años para Navidad.

Está lejos, es difícil que vengan más a menudo y no quiero pasar tanto tiempo sin ver a mi madre. Pedro, ¿no quieres comprar el bar?

- No, Waldemar. No quiero ni tengo dinero. Simplemente anuncie que desea vender y aparecerán compradores.

Los otros empleados se alejaron. Solo quedaron Waldemar y Pedro, quienes preguntaron:

- ¿Qué pasó entre tú y Anita? ¿No quieres hablar?

- Anita incluso se comprometió con mi ex jefe, pero no funcionó. Se separaron y ella ha estado soltera durante cuatro años. Nos encontramos y Anita me confesó que si lamentó que siempre me amó, que se arrepintió, etc. Volvimos a estar juntos, comenzamos a salir para ver si eso es realmente lo que queremos.

La amaba, confieso que no la he olvidado, pero tampoco he olvidado su traición. Quiero asegurarme que podamos ser felices y que pueda olvidar que me engañó.

Con el dinero que he ahorrado durante estos años y la venta del bar, voy a comprar una pequeña tienda de comestibles allí.

- Funcionará Waldemar. ¡Yo te apoyo! Si amas a Anita, olvida los hechos desagradables, perdónala. ¿Quién no se ha equivocado en esta vida? ¡Las penas solo nos hacen daño!

Le dijo a Waldemar que abrió el bar por la noche y que la pandilla a la que temían se convirtió en clientes y amigos. Presentado el beneficio del bar.

Waldemar anunció la venta del bar, quería decidir pronto mudarse más cerca de su familia.

Pedro pasó a solucionar los problemas de sus nuevos amigos: era trabajo para uno, retiro de la moto para otro, etc.

- "¡Qué lástima! ¡No veo más dificultades arriesgadas!", pensó Pedro. Mientras Pedro hablaba con el grupo de encarnados, Josías empezó a llevarse bien con los desencarnados que los acompañaban y también podía ayudarlos. Los primeros auxilios fueron para Onofre - que estaba muy triste y preocupado.

- Josías - dijo Onofre -, tengo una pareja, una mujer a la que amo y con la que viví cuando estaba encarnado y aquí seguimos unidos, desencarnados. Ella fue arrestada en el Umbral Tengo miedo de ir allí y quedarme atascado también y mis compañeros no pueden ayudarme.

Y allí Josías fue a ver dónde estaba esta mujer desencarnada y, con la ayuda de los trabajadores del equipo de Umbanda, la liberó.

- "¿Estoy siguiendo el ejemplo de Pedro, haciendo una ayuda arriesgada?", pensó Josías.

No fue una ayuda fácil, pero cuando lo consiguieron y Josías la acercó a Onofre, este lloró de alegría y se arrodilló a sus pies para agradecerle. Se hicieron amigos.

Este desencarnado volvió al grupo, pero era diferente, el sufrimiento, las humillaciones, la hicieron cambiar y empezó a prestar atención a las enseñanzas de Josías. Y cuando los invitó a ir a la casa de Umbanda, Onofre, esa señora y tres de la banda fueron y les gustó. En la próxima reunión, todos asistieron y, poco a poco, se quedaron en el Puesto de Socorro al lado del centro, donde fueron bien recibidos y albergados.

De hecho, protector y protegido hicieron nuevos amigos.

11 - Sobre el plano espiritual

Josías empezó a visitar a Alejandro y durante estos encuentros hablaban mucho.

- Me gusta mucho aquí, Josías - confió Alejandro -, el lugar es hermoso, todos me tratan muy bien, mis nuevos amigos son geniales. Pero... extraño mi hogar, mis cosas y extraño mucho a papá, mamá, Aline, amigos y hasta el hospital. Lo bueno es que estoy sano, no tengo dolores ni náuseas, me siento emocionado, tengo ganas de volver a jugar y estudiar.

- Es normal lo que sientes, Alejandro - aclaró Josías -. Las colonias, ciudades del plano espiritual donde viven los desencarnados que se lo han ganado, son hermosas.

En ellos tenemos oportunidades para aprender y hacer el bien. Como los que están aquí son más homogéneos, uno no tiene miedo de otro ser humano como en el plano físico.

Se practica la fraternidad. Solo por eso digo que es encantador vivir en las colonias espirituales. Todo es práctico, los rincones son sencillos y encantadores.

- ¡Perfecto si no fuera por la nostalgia! – Se quejó Alejandro suspirando.

- Alejandro, cuando desencarnamos, no perdemos nuestra individualidad. Seguimos siendo los mismos, con cualidades y defectos, amando u odiando. Aquí no nos olvidamos nada; es natural que extrañemos las cosas a las que estábamos acostumbrados y las personas que amamos. Advertimos a los recién desencarnados que el período de adaptación requiere esfuerzo y voluntad firme. Pasan los días y te acostumbras, aprendiendo a vivir lejos de los afectos, porque los ponemos en el corazón. Alejandro, las colonias son una de las opciones de vida de los desencarnados. Hay muchas moradas en la espiritualidad. Para los incautos, hay otros lugares que no son bonitos. Y muchos desencarnados que cometieron errores pueden perturbarse hasta el punto de perder la noción de todo.

- Josías, ¿sabes lo que más me gustó de aquí? Es no haber hallado la ociosidad. El estudio y el trabajo continúan.

- Es maravilloso, ¿no? - Dijo Josías sonriendo -. Las actividades llenan nuestro tiempo. Tener oportunidades para aprender es gracia. Si recordamos aquí a las personas que amamos, podemos saber cómo están y, a veces, incluso ayudarlos. Hay muchos desencarnados que logran decirles a los encarnados que los siguen amando.

- Me encantaría conocer un lugar que tenga este intercambio - expresó Alejandro.

- Le preguntaré al asesor de educación, si me lo permite, te llevaré al lugar donde sirvo, donde hacemos un trabajo hermoso. Están encarnados y desencarnados unidos por la voluntad de hacer el bien. Pero no solo existe esta forma de hacer un intercambio. ¿No has tenido ya la visita de tu padre?

- Pero su cuerpo físico estaba dormido y puede que ni se acuerde - dijo Alejandro.- Es cierto, eso puede pasar, pero recuerda. Como recibiste la visita, también puedes visitarlos, verlos dormidos o despiertos.

Josías preguntó y fue respondido, podría llevar a Alejandro a visitar el plano físico. Días después, a la hora acordada, fue a recogerlo. Alejandro, emocionado, miraba a todos atentos y exclamaban a cada momento:

- ¡Caramba! ¡Esto es increíble!

Josías mostró el aerobús, el medio de transporte muy utilizado en las colonias.[12] Se instalaron y pronto se fueron, dejando al chico extasiado. Alejandro le gustó demasiado el rápido viaje.

Se bajaron en el centro de Umbanda, donde los trabajadores desencarnados ya se estaban preparando para el trabajo que pronto comenzaría. Los dos fueron recibidos con alegría.

- Quedémonos aquí – informó Josías señalando un lugar.

- Este espacio está reservado para visitantes y aprendices.

Alejandro miraba todo con curiosidad, muchos desencarnados iban y venían, organizando todo. Llegaban los encarnados. A la hora prevista, una señora del plano físico dijo una hermosa oración. Todos callaron, rezaron juntos, acompañándola mentalmente, luego la señora habló enseñando:

- El egoísmo es querer solo el beneficio para nosotros mismos. Recibir sin importar quién da y muchas veces aprovecharse del trabajo de los demás.

El egoísmo es la causa principal que todos estén contra todos y hagan de la existencia un caos de discordia y, en consecuencia, de amargura.

La mejor manera de combatir el egoísmo en nosotros es servir, porque solo nosotros mismos podemos mejorar, porque nadie sufre en nuestro lugar. Tanto como nos gusta una persona, no podemos deshacer su maldad, ni pagar sus deudas espirituales, ni amarla, ni deshacer lo que ha hecho mal.

Miedos, rencores, críticas, quejas que nos hacen sufrir desaparecen de nosotros cuando dejamos de ser egoístas, queda atrás el querer ser servido y surge la armonía del querer atender.

¿Tendré que hacer grandes cosas para dejar de ser egoísta? ¡Claro que no! Es mejor dar pequeños pasos que quedarse quieto.

---

[12] Los desencarnados que aprenden usan su voluntad para moverse, es volición. Pero también se utiliza un medio de transporte, llamado aerobús, que recuerda a un avión sin alas o un autobús cómodo que vuela, y los hay de diferentes tamaños (N.A.E.).

Podemos hacer pequeños actos que se vuelven geniales cuando se hacen con amor. Y cuanto más amamos, más el amor ocupa el espacio del egoísmo, haciéndolo disminuir hasta desaparecer.

Recibir nos hace bien momentáneamente, pero es practicando actos benéficos que perpetuamos el bien en nosotros. Por lo tanto, es preferible hacer que recibir. Y lo que hacemos es estar desprovisto de egoísmo. Cuando hago algo para recibir retroalimentación, incluso puedo ser útil, pero necesito ir más allá. ¿No es todavía egoísmo cuando hacemos el tomar y daca? ¿Cuándo sentimos que hemos sufrido algún daño al ayudar a alguien? ¿Cuándo queremos recibir la devolución y preferiblemente con incremento? Sí, sigue siendo egoísta cuando lo hacemos para recibir el retorno. Y a veces incluso cobramos. Porque pensamos que somos caritativos, que rezamos, que vamos a los servicios religiosos, pensamos que seremos libres de dificultades y problemas. Recé, pedí protección, fui a los servicios ¿y me pasó esta desgracia? Mis amigos, muchas de nuestras dificultades pueden suavizar estos actos, pero lamentablemente no se pueden resolver como queríamos.

Debemos aprender a hacer el bien con amor, sin querer nada a cambio, sin sentirnos perjudicados por el acto que realizamos. Quien es bueno no necesita indemnización ni ser recompensado. Y no quiere saber qué hará el beneficiario con su beneficio. Y nunca hables de ingratitud. Recibe ingratitud quien hace algo a cambio.

¡Sé agradecido! ¡Sé bueno!

Después de la conferencia, algunas personas desencarnadas se acercaron a las personas que estaban frente a la audiencia.

- Son los médiums de la casa - explicó Josías a Alejandro -. Ahora unen sus esfuerzos para ayudar a muchos que vienen aquí. ellos pasarán en muchos lugares, los seres desencarnados solo permanecen cerca de los pasistas en el plano físico. Aquí se acercan. Es el intercambio que quería saber. Aquí, trabajadores desde el plano espiritual se les permite dialogar a través de médiums con los encarnados, aconsejándolos y guiándolos.

Alejandro vio, admirado, una energía oscura saliendo de muchos encarnados, cuando recibieron el pase. Todos recibieron energías luminosas. Algunas personas que habían ido allí para recibir ayuda los acompañaban desencarnados perturbados y hasta maliciosos. Los espíritus afligidos y atribulados fueron suavemente apoyados y llevados a otra ubicación.

- Como puedes ver - continuó explicando Josías -, junto al material de construcción tenemos uno, que es nuestro Puesto de Socorro. Están siendo llevados allí y recibirán la ayuda que necesitan y muchos de ellos serán guiados en la sesión de desobsesión que se realiza otro día.

Los matones y los malvados desencarnados que querían atacar también estaban lejos.

- El orden y la disciplina reinan aquí - dijo Josías -. Estos espíritus están siendo conducidos a otra ala del Puesto de Socorro. También reciben orientación, ayuda y se les ofrece albergue.

- ¿Todo el mundo lo acepta? - Preguntó Alejandro con curiosidad.

- Desafortunadamente no - respondió Josías -. Se respeta el libre albedrío. Pero lo que escuchaste, lo que viste aquí son semillas que algún día germinarán. Muchos se van aunque, la mayoría ya no será lo mismo.

Cantaban los encarnados, muchos desencarnados también, y Alejandro cantaba alegre.

- ¡Me gustan estas canciones! - Exclamó el chico.

- Son realmente muy hermosas y significativas - dijo Josías -. ¿Ves a esa señora, Alejandro? - señalando -. Es Luiza, la suegra de su hermana Aline. Es una persona muy bueno, cuidado con el cariño de Aline.

Cuando terminó el trabajo de la noche, Josías tomó la mano de Alejandro y lo acompañó a la casa de Mônica.

- Alejandro, como te dije, tu madre se separó de tu padre, vive con una buena persona y está embarazada. Tendrá un niño sano.

Mônica estaba tejiendo. Alejandro la abrazó, ella seguía distraída.

- ¡Quiero que tú, mami, seas feliz!

Fueron a la casa de Aline.

- ¿Cómo está ella, Josías? ¿Estás hinchada? ¿Los riñones? - Alejandro preguntó preocupado.

- Sí, Alejandro, Aline está enferma. Sus riñones están fallando. Pero no te preocupes, tendrá el bebé, que está sano.

- ¿Sabe mi padre que Aline está enferma?

- No - respondió Josías -. Aline no le dijo, no quiere preocuparlo. Pero pronto tu hermana regresará a la casa de su padre. Juan, el padrastro de Zé Carlos, no actúa correctamente. Ambicioso, quiere todo lo que tiene Luzia para él, han estado peleando. El mentor espiritual de Luzia ya le ha pedido que vaya con su hijo y Aline a Pedro y seguro que lo harán.

- ¡Me gustaba mi cuñado! - Exclamó Alejandro.

- Zé Carlos es una buena persona, él y Aline serán felices. Ahora veamos a Pedro. El aerobús tiene un horario de regreso a la Colonia y no debemos dejar que nos esperen.

Pedro se estaba preparando para ir a la cama.

- ¡Hola papá! ¡Te amo! - Exclamó el chico con cariño.

- ¡Te amo, mi cachorro! - dijo Pedro distraído.

- Josías, ¿me escuchó? - Preguntó Alejandro con asombro.

- Sintió más de lo que escuchó - respondió Josías -. Pedro no entiende esta posibilidad de comunicación.

Alejandro abrazó a su padre y regresaron a la casa Umbanda y de allí a la escuela.

- Gracias, Josías, ¡fue una gran visita! - Agradeció Alejandro abrazando a Josías.

En su habitación, Alejandro les contaba a menudo a sus amigos sobre la aventura.

- Pensamos que nuestro cuerpo no ha cambiado, pero al estar cerca de una persona encarnada, vemos la diferencia. Parecen llevar armadura. En el plano físico, pasamos por techos de casas, a través de puertas cerradas como si fueran patrones de humo. ¡Fue tan bueno ver a mi familia otra vez!

Emocionado y con ganas de aprender, Alejandro se durmió. Por la mañana, la escuela estaba agitada. Era un ir y venir de niños felices, hablando o cantando en los pasillos.

Alejandro fue a su clase, estaba estudiando para aprender a vivir como un desencarnado, adquirir conocimientos y servir. Nunca quiso cultivar el egoísmo de querer ser servido. Quería ser como Josías, un ser útil.[13]

---

[13] Cuando erradicamos de nosotros mismos el egoísmo, cuando perdonamos, reconciliándonos con el hermano, cuando logramos deshacernos de las ilusiones de la materia - me refiero a los encarnados y también a los desencarnados que aun están en la lista de reencarnaciones, porque la mayoría de los que viven en el plano espiritual quiere reencarnar y las razones para ellos son muchos, como: gustarle la vida en el plano físico, sentir la necesidad de saldar deudas, arreglar errores, demostrarte a ti mismo que aprendiste cierta lección, e incluso querer hacer algo bueno para la humanidad - y haciendo el bien con amor, estudiando para adquirir conocimiento, estamos quitando los velos que cubren el Reino de Dios dentro de nosotros, y el siguiente paso es ver la chispa divina en los demás (N.A.E.).

12 - El regreso de Aline

Pedro siempre hablaba con Aline por teléfono. Ella le aseguró que estaba bien y feliz. Un domingo por la tarde fue a visitarla y tuvo la impresión que en realidad todo estaba bien con la hija. Su casa era pequeña, tres cuartos: salón-cocina, dormitorio y baño y todo muy bien dispuesto. Entró por el pasillo del garaje y llegó, al cuarto que estaba en la parte trasera de la casa de la madre de Zé Carlos. Y se veían muy felices. Pedro pensó que su hija estaba engordando demasiado, pero no fue así comentó temiendo molestarla.

- Aline, cariño, me comprometo a pagar mis deudas. Todavía le debo a Benedicto. Ya le pagué a Waldemar y ahora me paga por mi servicio, hago las comidas hay y mi gasto es poco. Quería darle un regalo al bebé, pero como no sé qué comprar, pensé: "¿me harías esta compra?" te doy el dinero y obtienes algo para nuestro pequeño bebé.

- Sí, mi padre, pero no se preocupe, doña Luzia y yo ya compramos todo el ajuar para el bebé. Realmente creo que deberías pagar tus deudas. Papi, ¿estás realmente bien?

- Sí, lo soy, Aline. Ni siquiera tengo tiempo para pensar. Disfruto mucho ser voluntario en el hospital y estoy agradecido con Dios por permitirme devolver un poco de lo que Waldemar hizo por nosotros, atiendo su bar con mucho gusto.

Hablaron mucho sobre el bebé. Pedro se despidió prometiendo volver para otra visita.

Días después. Luzia, la mamá de Zé Carlos, llamó a Pedro para informarle que Aline estaba en la sala de maternidad para tener al bebé y que era mejor que fuera allí.

Waldemar ya había llegado

- Luzia, ¿Aline me mintió? ¿Había estado embarazada por más tiempo cuando se mudó con Zé Carlos? - Preguntó Pedro.

- No, Pedro, ella no mintió. El bebé nacerá antes de tiempo. Será prematuro. ¡Ven aquí por favor! - Pedro, preocupado, se apresuró. Cuando llegó a la sala de maternidad, el bebé ya había nacido; era un niño pequeño, pero sano. Al verlo a través de la ventana del cuarto de los niños, Pedro se conmovió y lloró. Zé Carlos y Luzia lo abrazaron.

- ¡Es bonito! ¡Se llamará Diego! - exclamó Zé Carlos con emoción.

- ¡Es saludable, gracias a Dios! - Comentó Luzia aliviada.

Pudieron ver a Aline, pero estaba cansada, con sueño, la besaron y la dejaron descansar.

"Aline está muy gorda, va a necesitar una buena dieta", pensó Pedro.

Al día siguiente, Pedro fue al hospital, Aline y Diego iban a quedarse unos días más en el hospital.

- El pediatra piensa que Diego debe quedarse unos días más en el hospital. Como Aline no quiere irse sin él, ella también se quedará - informó Zé Carlos.

Pedro lo pensó bien. Cinco días después se fueron a casa. Fue a visitarlos. Recogió al nietecito, que era un niño hermoso: piel clara como su padre, pelo y ojos negros como la madre. Estaba hablando con Aline sobre el bebé cuando escucharon una discusión.

- Es el padrastro de Zé Carlos, el señor Juan, peleando con doña Luzia. ¡Él es una plaga! - Informó Aline.

Pedro tuvo la impresión que iba a pegarle a Luzia, pero la discusión terminó.

- Papá, un día Zé Carlos y el Sr. Juan van a terminar peleando a puñetazos. Tengo miedo. Ya atacó físicamente a la Sra. Luzia. ¡Quiere dinero!

- ¿Zé Carlos no trabaja en el taller con él? - Preguntó Pedro.

- El taller era del padre de Zé Carlos, que murió, y ahora es de doña Luzia y Zé Carlos. El Sr. Juan ha estado peleando con mi suegra porque quiere vender la casa y el taller para comprar un hotel. Como ella no quiere, discuten.

Pedro se fue preocupado. No quería que su hija viviera en un lugar donde hubiera discusiones.

Pasaron cinco días. Estaba en el bar esa tarde cuando Zé Carlos fue a llamarlo.

- Señor Pedro, Aline vino a visitarlo y está ahí frente a su casa. ¿No nos abrirías la puerta?

- ¡Claro!

Pedro, feliz, le avisó a Waldemar que se iba a su casa y acompañó a su yerno. Aline con el bebé y Luzia estaban en la acera con dos maletas y bolsos. Después de los abrazos entró y Aline explicó:

- Papá, el Sr. Juan se puso muy violento, golpeó a la Sra. Luzia. Zé Carlos interfirió y nos amenazó. Nos asustamos y vinimos aquí. ¿No nos dejarías quedarnos aquí hasta que decidamos qué hacer?

- ¡Aline hija mía, esta casa es tuya! ¡Por favor, quédate conmigo! ¡Será un placer tenerte por aquí! Zé Carlos es mi yerno, Luzia es tu suegra y Diego mi nieto! Establécete aquí y siéntete como en tu casa. ¿Ya cenaste? ¡No! Te instalaré y luego traeré algo de comer.

Pedro les ayudó a poner las maletas y bolsos en las habitaciones.

- Pongo estos dos colchones en el suelo y tú, hija mía, duerme aquí esta noche. Luzia se queda en su antigua habitación.

Y yo sigo con la de Alejandro. Voy a comprar algo para la cena y vuelvo enseguida.

Rápidamente, fue a la frutería, a la panadería, al bar y consiguió todo para hacer una buena cena. Estaba feliz.

Pero cuando regresó, los vio preocupados y trató de animarlos.

- Luzia, no quiero entrometerme en tu vida, pero no te entristezcas por esta separación. Tal vez puedan hablar y entenderse.

- Ya debería haberme separado - explicó Luzia -. ¡Este segundo matrimonio mío fue un fracaso! Estoy preocupada, temo que Juan venga por nosotros. Prometió golpear a Zé Carlos.

- Pues no creo que venga aquí - opinó Pedro -. Te quedas aquí conmigo el tiempo que sea necesario y espero que estés bien acomodado. ¡Hagamos la cena!

Todos ayudaron y la cena estaba lista. Luzia preparó sopa de verduras para Aline. Cenaron. Pedro era el único emocionado, se reía y bromeaba. Acababan de cenar cuando escucharon a Juan gritar en la calle.

- ¡Ven aquí, mocoso asustado! Escondiéndose detrás de las mujeres? ¡Ven aquí y enfréntate a mí, si eres un hombre!

Zé Carlos se levantó. Luzia y Aline lo sujetaron.

- ¡Por favor, Zé Carlos, me lo prometiste! ¡Por nuestro hijo! ¡No te enfrentes a este loco! - suplicó Aline nerviosa.

- ¡Vaya, qué petulancia! - Exclamó Pedro -. ¡Nadie viene a mi puerta y grita así!

Se fue sin que los tres se dieran cuenta, cerró la puerta con la llave desde afuera y se guardó la llave en el bolsillo. Abrió la puerta y miró a Juan.

- ¡Deja de gritar, aquí nadie es sordo!

- ¿Ese niño lo mandó solo a defenderlo? - dijo Juan riéndose con cinismo.

- Vine porque quería. Esta es mi casa y no me gusta que griten en mi puerta. ¡Vete! - Ordenó Pedro.

- No lo haré, no antes de darle una paliza a mi mujer y otra a su hijo - respondió Juan en tono burlón.

- ¡No golpearás a nadie! - afirmó Pedro.

- ¿Quién me detendrá? preguntó Juan desafiante.

- ¡Yo!

- ¿Tú también quieres que te peguen, negro?

- No. Te voy a querer pegar si no te vas - respondió Pedro.

- Ah, el negro bueno quiere ser golpeado en lugar de su yerno. ¡Que sea!

Hizo ademán de irse y se volvió rápidamente en un acto de traición y golpeó el aire, porque Pedro, atento, esquivó.

- ¡Papá, ten cuidado! ¡Entra, por favor! - Gritó pidiendo Aline.

- Abra la puerta, señor Pedro, quiere pelear conmigo, ya voy. ¡Por favor entre! - Suplicó Zé Carlos.

Pedro decidió poner en práctica lo aprendido con el grupo que ahora era su amigo. Se enfrentó a Juan.

Pelearon a puñetazos. Cuando Juan vio que Pedro tenía la delantera, había recibido muchos golpes y solo asestó algunos, corrió hacia su camioneta, agarró un tubo y se fue hacia Pedro, quien esquivó con agilidad, torció el brazo, tomó el tubo y lo arrojó por encima del portón de su casa.

- Podría azotarte con tu pipa, pero no soy un cobarde. Lucho como la persona decente que soy. ¡Ahora te voy a dar una lección! - expresó Pedro con calma. Pedro le dio muchos puñetazos hasta que vio que le salía sangre de la boca.

- ¡Ahora vete! ¡No olvides esta paliza! ¡Y no vuelvas más por aquí, o te saldrá otra peor! - Amenazó Pedro.

Lo ayudó a subir al camión. Cuando Juan se alejó, abrió la puerta y vio que los tres, Aline, Zé Carlos y Luzia lo miraban a través de la ventana de la sala. Al abrir la puerta, Aline corrió y lo abrazó, preguntándole angustiada:

- Papá, ¿estás bien?

- Lo estoy, hijita, y muy feliz. ¡Le enseñé una lección a ese bribón!

- ¿Dónde aprendiste a pelear? - Preguntó Zé Carlos.

- ¡No sabía que sabías pelear! - Aline estaba asombrada. Escucharon gritos provenientes de la acera.

-¡Pedro! ¿Necesita ayuda?

- ¿Estás bien?

-¡Pedro!

- ¡Dios mío! - exclamó Aline mirando por la ventana -. ¡Es la pandilla de negro!

- Son mis amigos - informó Pedro -. No se preocupen. Y, respondiendo a la pregunta "¿quién me enseñó a pelear?", ahí está la respuesta: Fueron ellos. ¡Y voy a agradecerles, porque fue un placer vencer a este rudo Juan!

Pedro abrió la puerta. Teo dijo angustiado:- Estábamos preocupados cuando nos dijeron que había un hombre frente a su casa queriendo golpear a alguien allí. ¡Venimos corriendo! ¿Qué sucedió?

Pedro les dijo y les agradeció.

- Le di una paliza porque me enseñaste. ¡Gracias!

- Pedro, estos matones pueden ser peligrosos. ¿Realmente no quieres ayuda? - Preguntó Teo.

- Yo les preguntaré a ellos - respondió Pedro.

Aline, que estaba en la puerta y había escuchado con curiosidad la conversación de su padre con la pandilla, intervino:

- Creo que nos pueden ayudar, papá. Salimos de allí corriendo y solo agarramos algo de ropa.

Zé Carlos, que había seguido a Aline, dijo:

- No es justo dejar todo ahí. Podríamos traer cosas de nuestra casa, la cuna de Diego y toda nuestra ropa.

- Tengo un camión, trabajo haciendo remolques - informó Jiló -. Te lo consigo todo y no te cobro.

- Te acompaño - dijo Teo -. ¿Quién de ustedes puede ir? - Cuatro levantaron la mano.

- ¡Excelente! Quiero ver a este matón que golpea a las mujeres enfrentarse a nosotros. Haremos el cambio rápidamente. ¿Mañana por la mañana está bien? Estaremos aquí a las ocho.

Se despidieron y se fueron. Pedro cerró con llave el portón, la puerta, cerró bien la casa.

- Papá - dijo Aline - Voy contigo. Mientras tú llevas todos los muebles de mi casa, yo entro en la de doña Luzia y le saco la ropa.

Detalles combinados.

- Pedro - dijo Luzia -, los miércoles hacemos el Evangelio en Casa. Hoy ha sido muy tumultuoso, hemos tenido un día complicado, pero estamos bien. Me permites hacer nuestro Evangelio y una oración de acción de gracias?

- ¡Por favor, no hace falta que me pidas nada, siéntete como en casa! ¿Puedo participar? No sé cómo es, pero puedo aprender.

Se sentaron en el sofá de la sala de estar. Pedro se sentó al lado de su hija. Llevaba mucho tiempo solo y tenerlos a ellos - su hija y su nieto - a su lado era motivo de felicidad.

- Leemos el Evangelio, papá, y decimos una oración. Estamos haciendo un estudio en secuencia, pero hoy les voy a pedir que abran el libro. ¡Aquí está! Voy a leer la lección que depende de nosotros aprender - explicó Aline. Aline le dio el libro a su padre.

Josías, que estaba presente, aprovechó la oportunidad e hizo que Pedro abriera donde había una enseñanza que deseaba desde hacía mucho tiempo que su alumno escuchara.

Pedro abrió el libro y se lo dio a su hija. Y mientras leía, se puso aprensivo. Nunca escuchó algo así.

"¿Esto fue escrito para mí?", pensó. Prestó mucha atención a lo que se leía:

- "Ya sea que un hombre se mate o se haga matar, el objetivo es siempre acortar su vida y, por lo tanto, existe la intención de suicidarse, aunque en realidad no se produzca. Que su muerte sirva para algo es ilusorio (...). Sin embargo, la intención premeditada de buscar la muerte exponiéndose al peligro, incluso para prestar un servicio, anula el fondo de la acción."

Aline leyó con voz agradable. Cuando terminó la lectura, Luzia dijo algo que Pedro no escuchó porque estaba molesto.

- ¡Papá! ¡Vamos a rezar! - Dijo Aline tomándolo del brazo.

- ¡Sí, oremos! - Exclamó Pedro.

Zé Carlos hizo una hermosa oración, que él no sabía. Se dio cuenta que su yerno no decía ninguna oración memorizada, sino que decía lo que estaba sintiendo. Rezaron un Padre Nuestro.

- Hija, préstame un poquito de ese libro. Quiero hojearlo - preguntó Pedro. Se fueron a dormir, estaban cansados. Pedro se quedó solo en la habitación y abrió el libro que había leído. Aline lo había dejado marcado. Lo examinó.

- Es *El Evangelio Según El Espiritismo*, de Allan Kardec. Capítulo 5 - Bienaventurados los afligidos, se leyeron los ítems 28, 29, 30 y 31.

Pedro leía prestando atención, absorbiendo las enseñanzas. Releyó varias veces la pregunta 29: Sacrificio de la propia vida, de San Luis - París, 1860.

- ¡Dios mío! ¡Creo que lo estoy haciendo mal! ¡Si hubiera muerto no engañaría a nadie! - Exclamó suavemente.

Como no tenía sueño, siguió leyendo. El capítulo 5 había terminado; luego comenzaba el 6: ¡Oh Cristo Consolador!

- ¡Qué hermoso libro! ¡Cuánta sabiduría!

Leyó hasta que le dio sueño. Se fue a dormir, porque tenía mucho que hacer al día siguiente.

"Supongo que tendré que seguir viviendo aquí. Si ese libro es cierto, he estado haciendo mal al buscar morir."

Durmió plácidamente.

Se despertó con el olor a café. Recordó a su hija; ahora tenía compañía. Hizo una oración rápida, prefiriendo, como Zé Carlos, rezar lo que sentía.

- ¡Dios mío, lo amo! ¡Bendice nuestro día! ¡Amén! - Se levantó y después del desayuno elogió:

- Luzia, ¡qué rico café! Gracias por recordarme y venir aquí. ¡Estaba tan solo!

Fue al bar y llamó al hospital diciendo que no podía ir y pidió que se lo hiciera saber a los niños para que no se preocuparan. Esperé a los amigos, que llegaron a la hora acordada.

Jiló tenía una camioneta pequeña, con caja cerrada, y con ella iban Teo, Oscar, Moacir y Paulón, que iban detrás para que Pedro y Aline pudieran ir en la cabina del vehículo

Se detuvieron frente a la casa de Luzia. Pedro aplaudió, Juan vino a ayudarlo con tres sirvientes. La pandilla salió de la camioneta, enfrentándose a ellos.

- Juan - dijo Pedro -, vinimos aquí en son de paz, a buscar los muebles de mi hija y también la ropa de Luzia. ¡No queremos una pelea, pero no huiremos de una!

Dio media vuelta y entró en el taller seguido de sus empleados. Aline abrió la puerta.

- ¡Papi, llévate todo de mi casa! Iré a la casa principal y tomaré lo que me pidió doña Luzia.

- ¡Yo me ocuparé de la niña! - dijo Teo.

Rápidamente, Pedro y los demás sacaron todo de la casa de Aline - no era mucho - y lo subieron a la camioneta. Aline tampoco tardó mucho; ella y Teo trajeron varias cajas

Se fueron. El grupo emocionado desarmó los muebles, ayudó a colocar todo en su lugar y disfrutó de una deliciosa taza de café de Luzia.

- ¡Gracias amigos! - Pedro les agradeció abrazándolos. Se alegraron de devolverle un favor a Pedro.

Cuando se fueron, Pedro le comentó a su yerno:

- ¡Necesitarás un abogado!

- ¡Creo que así es! Pero ¿quién? ¡No conozco ninguno! - preocupado Zé Carlos.

- Bueno, ¡conozco uno que podría ayudarnos! - dijo Pedro. Sacó de su billetera una tarjeta que le había dado César, uno de los niños enfermos.

- Llamaré al doctor Júlio y haré una cita. Fue al bar y llamó.

- Doctor Júlio - explicó Pedro -, soy amigo de su hijo César. No me conoces, te visito en el hospital. Me llamo Pedro.

- ¡Ah, Pedrón que come jabón! Disculpe, Sr. Pedro. Hace tiempo que quería conocerte y agradecerte. César te quiere mucho. Sigue hablando de sus visitas.

- Por favor, no me llames señor. Doctor Júlio, mi yerno tiene un problema y creo que necesita un buen abogado. ¿No nos darías la bienvenida a una consulta?

- ¡Claro! Ven esta tarde.

Satisfecho, Pedro se fue.

- Waldemar, no puedo ir hoy, tengo que ayudar a mi yerno.

- Pedro, ya me has ayudado mucho. No te preocupes, ahora que estoy aquí, puedes estar lejos cuando me necesites.

Por la tarde, los dos fueron a la oficina del abogado.

- Señor Pedro - dijo Zé Carlos -, ¿no cobra demasiado? Debe ser un abogado de ricos, la oficina es muy lujosa.

- Le consultaremos y acordaremos el precio. Lo que no podemos hacer es dejar que Juan tenga todo lo que te pertenece.

El doctor Júlio los recibió con una sonrisa, abrazó a Pedro y los invitó a sentarse. Una vez instalado, Zé Carlos explicó rápidamente por qué estaba allí.

- Mi padre murió y nos dejó algunos bienes. Mis dos hermanas casadas se quedaron con las casas donde viven, dejando la casa donde vivimos y el taller mecánico para mamá y para mí. Mi madre se volvió a casar bajo un régimen de comunidad de bienes parcial. Ahora mi padrastro quiere vender todo para comprar un hotel. Yo creo que él quiere que vendamos lo que tenemos, y luego encontrará la manera de perjudicarnos y quedarse con nuestro dinero. Como nos negamos a venderlo, se puso agresivo y salimos de la casa. Mamá quiere separarse de él y nosotros queremos que se vaya de nuestra casa. ¿Aceptas nuestra causa? ¿Cuánto cobra usted?

- Usted, joven - dijo el doctor Julius - me explicó todo en pocas palabras. Creo que su padrastro es muy malicioso, y ustedes hicieron bien en negarse para vender la propiedad. Su madre heredó la casa y él no tiene ningún derecho sobre ella. Tomaré la causa y haré un precio especial para mi amigo Pedrón.

Dijo la cantidad, a Zé Carlos le pareció razonable, arreglaron los detalles. El joven se llevaría todo el papeleo al otro día.

- Doctor Júlio, ¡muchas gracias! - agradeció Pedro, despidiéndose.

- Me alegro de poder cumplir con su petición. Pedro, le hiciste mucho bien a mi hijo.

En casa, las dos les contaron la noticia a Luzia y Aline con entusiasmo.

- La justicia es lenta - dijo Pedro -, por lo que este caso tardará en resolverse. Hagamos todo bien. Juan tendrá que irse de allí. Me gustaría pedirte algo:

- Quédate aquí conmigo. Estaré más tranquilo, porque no creo que Juan te moleste aquí.

- ¡Quiero quedarme, papi! Estoy bien aquí, los últimos días he estado aprensiva y temerosa que el señor Juan golpee a doña Luzia o le haga algo malo a Zé Carlos.

- Aceptamos tu hospitalidad, Pedro, y gracias - expresó Luzia -. Ella estaba preocupada por Zé Carlos y Aline y como sé que mi hijo no me dejará volver sola, por mí también.

Pedro estaba feliz y Josías también.

Esa noche, Luzia estaba en la sala con Diego en brazos y Pedro se acercó.

- Disculpa, Luzia, por entrometerme, pero ¡cómo te involucraste con una persona como Juan!

- No estás entrometiendo. Te lo diré - respondió Luzia -. Quedé viuda, con tres hijos; mi primer esposo era muy trabajador, honesto, pero muy celoso, no me dejaba salir de casa. Soy médium, necesitaba aprender a manejar la mediumnidad y no me dejaba.

- ¿Qué es ser médium? ¿Qué es la mediumnidad? - Preguntó Pedro, aprovechando la pausa de Luzia.

- Te lo explicaré de forma sencilla para que lo entiendas. La mediumnidad es el instrumento de comunicación entre los dos planos de la vida. Es un don, una facultad de algunas personas. Y los médiums son intérpretes de espíritus; a través de esta facultad, dan oportunidades a los desencarnados de comunicarse con los encarnados.[14]

- Tú, Luzia, ¿ves quién ha muerto y hablas con ellos? Preguntó Pedro con curiosidad.

- He visto desencarnados muchas veces. Llamamos a quien ya ha cambiado de planos. Vivimos tú y yo ahora en el mundo físico y, cuando nuestro cuerpo carnal termina sus funciones, iremos al plano espiritual y viviremos como seres desencarnados.

- Dijiste que necesitabas aprender a lidiar con tu mediumnidad. ¿Psíquica no se ve bien si no trabajas con ella?

- Tenemos libre albedrío - explicó Luzia -, la libertad de hacer lo que queramos con nuestra vida. Ser un médium y no trabajar con esta facultad es una elección. Como también se puede

---

[14] Si el lector quiere saber más sobre este tema, encontrará amplias explicaciones en la obra de Allan Kardec, *El Libro de los Médiums* (N.A.E.).

usar para hacer cosas malas. Sufrí porque vi espíritus, tuve miedo y no supe qué hacer. Hoy estoy bien porque aprendí a lidiar con la mediumnidad y me siento feliz ayudando a los demás.

- Continúa, Luzia, contando lo que te pasó - preguntó Pedro.

- Juan era un empleado de confianza en el taller y me ayudó mucho en el momento de la enfermedad de mi marido y cuando murió. Fueron años difíciles, con los dos adolescentes y Zé Carlos pequeño. Me enamoré de él y terminé casándome. Al principio, funcionó. Juan era obrero, se ocupaba del taller. Pero cuando Zé Carlos se fue a trabajar con él, se dio cuenta que Juan nos estaba robando, y empezaron las peleas.

- No te pongas triste. Luzia, todo se resolverá - la consoló Pedro.

- Seguro que lo hará.

Pedro se fue a dormir, estaba cansado y dijo su oración hablando con Jesús, agradeciéndole por tener a su lado a su hija.

13 - El trasplante

Pedro siguió con su rutina: por la mañana iba al hospital y por la tarde y noche trabajaba en el bar. Cuando recibió su pensión, pagó solo una cuota de deuda con Benedicto y abasteció su casa. Empezó a almorzar en casa, la comida de Luzia estaba muy rica. Disfrutaba estar con ellos, hablar con Luzia, para cuidar al nieto.

- Zé Carlos - dijo Pedro -, ¿por qué no haces un curso profesional? Sé que trabajaba de mecánico con Juan. Si te gusta esta profesión, ¿por qué no estudiar, ser un buen profesional?

- Necesito encontrar un trabajo, Sr. Pedro, tengo un hijo que mantener - respondió Zé Carlos.

- Aquí no te faltará de nada - dijo el dueño de la casa -. Eres joven y no puedes desaprovechar la oportunidad de estudiar. Te acompaño, vamos a la escuela y allí nos enteramos de qué cursos hay y cuándo empiezan.

Zé Carlos estaba indeciso, pero como insistieron Luzia y Aline, los dos fueron por la tarde y regresaron emocionados. Se decidió que Zé Carlos iba a hacer un curso técnico de mecánica. Y empezaría pronto, en unos días estaría estudiando. Eran las cuatro de la tarde cuando Pedro, al entrar en el bar, se dio cuenta que se había dejado la cartera en casa. Fue a buscarla y encontró a Aline lista para salir. Lo encontró extraño y pregunto:

- ¿A dónde vas?

- Papá - respondió Aline -, yo salgo con Zé Carlos, y doña Luzia se quedará con Diego.

- Aline - interfirió Luzia -, creo, querida, que tu padre debe saberlo todo. Pedro, tu hija está enferma, tiene que ir al hospital, donde la están tratando.

- ¿Riñones? - Preguntó Pedro.

Alejandro me vino a la mente diciendo:

"Papá, ¿Aline está bien? ¿Y sus riñones? ¡Esos órganos son frágiles!" Pedro se sentó, sintió un escalofrío, los miró esperando la respuesta.

- Sí, papá, mis riñones están enfermos. Tuve problemas durante el embarazo y tengo que someterme a hemodiálisis. Mis riñones no están funcionando como deberían.

- ¿Cómo? ¡¿No me di cuenta?! ¡Dios mío! - Exclamó Pedro con lágrimas en los ojos. Se sentía horrible, egoísta. Mientras él quería morir, su hija sufría y él ni se dio cuenta. No estaba gorda, estaba hinchada. La niña se sentó junto a su lado.

- ¡Perdóname, querida! - Exclamó y lloró - Pensé que todo estaba bien contigo.

- Papá, perdóname. Pensé que ya estabas sufriendo demasiado, porque eran tantas cosas a la vez. La desencarnación de Alejandro, la partida de mi madre, yo embarazada.

No quería preocuparlo más.

Pedro quería saber todos los detalles. Alina explicó. Ya al inicio del embarazo se sintió mal, acudió a médicos y se sometió a tratamientos. Cuando terminó de hablar, estaban unos segundos en silencio. Pedro pensó y encontró una solución. Habló con entusiasmo:

- Hija mía, voy a llevar todos tus exámenes al Doctor Édio para ver. ¡No es su especialidad, pero es un gran profesional!

Al día siguiente, Pedro fue a ver al Dr. Édio y, sin rodeos, le dijo:

- Estos son los exámenes de mi hija. Por favor, Dr. Édio, mire y aconséjeme. ¿Qué debemos hacer?

El doctor Édio miró las radiografías, los exámenes y opinó:

- Tu hija necesita un trasplante. Tendrá que registrarse y hacer cola.

- Ella ya se registró. No tienes que morir para donar un riñón, ¿verdad? Pedro preguntó esperanzado.

- Sí, una persona viva puede donar uno de sus riñones a otra - respondió el médico.

- ¡Así que está decidido! ¡Estoy donando uno de los míos! El doctor Édio se rio y explicó:

- No es tan fácil. Usted, siendo el padre, tiene buenas posibilidades de ser el donante. Pero tiene que ser compatible para hacer esta donación.

- Y no sirve de nada hacer una promesa, ¿verdad? Si me voy, eso ya está decidido. ¡Quiero ser el donante! También la voluntad no interfiere. ¡Tengo que hacerme los exámenes!

- Pedro, aquí en el hospital tenemos al Doctor Wanderley, un gran cirujano que ha realizado con éxito algunos trasplantes de riñón. Voy a hablar con él hoy. Si estás bien y eres compatible, esta cirugía se hará pronto.

- ¡Muchas gracias, doctor Édio! ¡No sé ni cómo agradecértelo!

- Pedro, estás recibiendo *feedback*. Sí, amigo mío, la devolución de tus obras. Cuando hacemos el mal, recibimos el mal, pero cuando hacemos el bien sin interés, recibimos bien también. Sirves aquí como voluntario, anima a nuestros niños enfermos, ayudas a aliviar su dolor. Es justo que correspondamos de alguna manera.

No dijo nada en casa, quería tener mucha información primero. En el día a continuación, el Dr. Édio lo llamó para hablar.

- El doctor Wanderley estudió todos estos exámenes y cree que un trasplante funcionará. Hizo una cita el viernes por la tarde para verlos.

Esperanzado, Pedro luego contó la noticia en su casa.

- Si soy compatible, programaremos la cirugía para pronto.

- Yo también quiero hacer el examen. Si puedo, te doy uno de mis riñones, Aline - dijo Lucía.

- ¡También me gustaría hacer esta donación! - Zé Carlos se animó.

Mônica llegó a visitar a su hija y su nieto. Saludó a todos y tomó a Diego en sus brazos. Pedro le habló del posible trasplante.

- Como parientes biológicos, tal vez tú, Mônica, seas compatible.

- ¡No puedo, Pedro, estoy embarazada!

Pedro se despidió rápidamente, sorprendido por la noticia, y se dirigió al bar.

- ¡Vendí la barra! - informó feliz Waldemar apenas lo vio.

Le presentaron al nuevo dueño, quien le ofreció un trabajo, pero Pedro declinó cortésmente. Waldemar le pagó y se despidió de él. Se iría tan pronto como terminara el acto.

- Sé feliz, Waldemar, no dejes que la angustia te estropee la felicidad. Se abrazaron y Waldemar prometió dar noticias.

Ansioso, Pedro esperó la consulta. Les gustaba el doctor Wanderley. Hicieron muchas pruebas y con mucha ansiedad esperaron días los resultados.

- ¡Tú, Pedro, puedes ser el donante! - informó el Doctor Wanderley.

Lloró de la emoción. Programaron la cirugía. Sería en ese hospital donde Pedro conoció a tantos médicos y enfermeras y donde también se le conoció. Como ya no iba al bar, se estaba haciendo demasiado en casa. Zé Carlos empezó el curso y lo estaba disfrutando mucho. Juan tuvo que salir de la casa y desocupar el taller. Se llevó todos los muebles y máquinas e incluso fue indemnizado. Luzia tenía algo de dinero ahorrado y le pagó. Alquilaron la casa y el terreno donde funcionaba el taller. El doctor Júlio iba a hacer su separación.

Pedro recibió un mensaje del gerente de la fábrica donde trabajaba pidiéndole que fuera allí. Curioso, era la misma tarde. Los amigos lo recibieron con alegría.

Charlaron mucho y los escuchó. Luego fue a la secretaria. El gerente, después de saludarlo, le preguntó:

- Pedro, ¿no quieres volver a trabajar con nosotros? Tuvimos problemas con una máquina que usted operó sin problemas y nadie más produce como usted.

- ¡Quiera hasta que quiera! - respondió Pedro feliz por el reconocimiento -. Pero me voy a operar, le voy a donar uno de mis riñones a mi hija. No podré volver pronto.

- ¡Vuelve cuando estés bien! ¡Esperaremos! - dijo el gerente.

- Es que no podré venir por la mañana. Trabajo como voluntario en un hospital con niños enfermos y no quiero dejarlos. ¡Los amo!

- ¿Qué horario tienes? - Preguntó el gerente.

- Tardes y noches - respondió Pedro.

- Podrías trabajar de doce a diecinueve. ¿Qué crees?

- ¡Acertado! ¡Tan pronto como me den de alta, estaré aquí para trabajar! ¡Gracias! Pedro estaba feliz, más aun porque estaba interesado en Luzia. La encontró bonita, educada, dotada, agradable y se dio cuenta que ella también estaba interesada en él.

- Pedro, Zé Carlos y yo vamos esta noche a la casa de oración a la que asistimos. ¿No quieres ir? - Preguntó Luzia.

Ya lo habían invitado, pero se había excusado diciendo que se quedaría con su hija para no dejarla sola. Aline ya había dicho que no le importaba quedarse en casa con Diego. Tenía curiosidad por saber qué hacía Luzia allí y cómo era esta religión en la que había gente que hablaba con los muertos.

- ¿Estás segura que estarás bien sola, hija mía? - Preguntó Pedro.

- Por supuesto, papá. Ve con ellos.

- Acepto la invitación - decidió Pedro.

Estaban en la sala hablando y Aline le preguntó a Luzia:

- No entiendo una cosa: el tío Jairo, el hermano de mi padre, el padrino de Ale, es muy buena persona y muy católico. Usted, doña Luzia, está detrás de papá, la persona más caritativa que conozco y es umbandista. ¿Mi padre no sigue ninguna religión, aunque es una persona muy generosa como Dios salva a esta buena gente y de diferentes religiones?

Luzia sonrió, pensó un poco y respondió:

- Meditando en un pasaje del Evangelio en el que Jesús nos enseñó que cuando el Padre separa las ovejas de las cabras, lo hace con preguntas sobre los actos realizados:

"¿Hiciste bien o no?" No pregunta si pertenecía a alguna religión o no. Las religiones son medios para volver a conectar con el Creador. Las sectas nos dan preceptos, pero es cada uno que tiene que seguir el "Haz el bien sin mirar a quién." Hay muchas religiones y si Dios no las quisiera. Él mismo los haría a todos uno. Muchas personas sienten que muchas cosas están mal y que tienen que arreglar el mundo. ¡Pretensión! ¿Dios, que creó todo, no sabe cómo guiarnos? Hay varios caminos que nos llevan a Él.

Son nuestras acciones las que nos harán ovejas o cabras. Desafortunadamente, hay personas que abusan en todas las religiones. Puede que Pedro no siga una religión, pero es religioso, reza y sigue las enseñanzas de Jesús. Debemos seguir los preceptos religiosos que entendemos, ir a los lugares de oración a los que nos adaptamos y los cuales nos gustan. Es más fácil creer con entendimiento.

- Por eso dicen que no se debe hablar de religión - concluyó Aline.

- Así es - continuó explicando Luzia -. Si una persona piensa que le está yendo bien en su religión, debe tratar de seguir sus enseñanzas y hacer el bien. Si no eres, busca conocer los preceptos de los demás y tratar de adaptarse a uno. Lo que no está bien es en vez de hacer algo bueno donde dices pertenecer, perdiendo el tiempo criticando la religión ajena. Hay personas cuya única respuesta al desencarnar, cuando se les pregunte sobre lo que hicieron, será: "Miré el siguiente, les advertí que no se equivocaran, hablé de los puntos erróneos de tu religión." Y seguramente oirás esto: "Pero, hijo mío, ¿qué hiciste por la tuya? ¿Cuántas lágrimas has enjugado? Puedes disculparte justificando: "Yo les impedí cometer errores." Y la respuesta podría ser esta: "Pero no te impidió cometer errores. Criticaste y no actuaste."

Luzia se conmovió; se quedaron en silencio unos segundos

- Lo que dijiste - concluyó Aline -, me dio una nueva comprensión de la vida. Tío Jairo, tú y mi padre hacen el bien y ciertamente son ovejas. Creo que uno quien critica podría usar su tiempo para hacer algo bueno. Todas las personas religiosas deben respetarse mutuamente y unirse para ser ejemplos de ateos, materialistas y los antirreligiosos.

Pedro escuchó atentamente, asintiendo.

Por la noche, fue con su yerno y Luzia a la casa de Umbanda. El lugar era un salón sencillo, muy limpio y decorado con flores, un espacio vacío al frente y varios bancos.

- Quédate aquí con Zé Carlos y haz lo que él haga - recomendó Luzia.

Curioso, Pedro se fijaba en todo. La gente llegó y se sentó en las bancas. A las ocho en punto, un señor que Zé Carlos dijo llamarse Euzébio pasó al frente y pronunció un discurso:

- Esta noche vamos a estudiar una lección más de este libro: *Camino, verdad y vida*[15], lección 109, "*Siempre encontraremos*": "*Porque quien pide, recibe; y quien busca, encuentra.*"

Jesús (Lucas 11:10). ¿Qué estamos buscando? Jesús dijo: ¡Busca y encontrarás! Repito la pregunta: ¿Qué estamos buscando? Si es bueno, recibiremos el bien; si es malo, lo recibiremos.

---

[15] Preciosa obra escrita por el espíritu Emmanuel, psicografía de Francico Cândido Xavier, editada por la Federación Espírita Brasileña (N.A.E.).

Sí, amigos míos, debemos prestar atención a lo que buscamos, porque eso es lo que encontraremos. Debemos saber lo que estamos buscando. Naturalmente, siempre recibimos, pero necesitamos conocer el objeto de nuestra solicitud.

Quien busca el mal ciertamente encontrará el mal. Porque estamos en sintonía con nuestro prójimo. Para encontrar el bien, es necesario buscarlo todos los días.

Y debido al predominio del mal en nuestro planeta, es aun más fácil encontrarlo, pero el bien se encontrará como un valor divino y eterno. Por lo tanto, es indispensable una gran vigilancia en la decisión de buscar algo, porque el Maestro dijo: "El que busca, encuentra, y sin duda encontraremos lo que buscamos."

Pedro sintió mariposas en el estómago.

- "¿Encontramos lo que buscábamos? ¡Dios mío! Busqué la muerte, ¿la encontraré? Ahora ya no quiero morir. Fui egoísta, pensé solo en mí, me olvidé de Aline.

Yo quería morir y mi hija necesitaba un padre. Fui imprudente. No tuve que ir a esa calle frecuentada por bandidos. Si alguien me matara, sería un criminal.

No debería jugar al matón frente a matones como Falcón y el jefe de Noêmia. Hubiera sido mejor si no hubiera salido de la casa para pelearme con Juan que gritó hasta cansarse. ¡Fui imprudente!"

Estaba triste, estaba molesto consigo mismo.

Ha terminado la conferencia. Algunas personas entraron en la parte vacante por delante.

- Son médiums - informó Zé Carlos -, que trabajan haciendo el bien, son intermediarios de los desencarnados.

Cantaron hermosas canciones.

- Vamos a tomar un pase - dijo Zé Carlos -, vamos al frente y uno de los médiums pondrá sus manos sobre ti y te transmitirá energías benéficas.

Pedro hizo todo lo que le dijeron que hiciera. Buscó a Luzia y la encontró entre esa gente, los médiums. Se acercó a un hombre, quien le dio el pase.

- ¿Es esta su primera vez aquí? - Preguntó el hombre.

- Sí - respondió.

- Tengo un mensaje para usted. Es de un chico. Dice: "Juan Pedro, presta atención: me pusiste Alejandro en honor a mi abuelo Chande y querías que yo limpiara ese nombre. Vive, padre mío, allí encarnado, sé feliz. ¡Yo te amo!"

El hombre terminó; como Pedro lo miraba con asombro, sin moverse, dijo:

- ¡Puedes ir! ¡Vuelve a tu lugar!

Zé Carlos, que estaba a su lado, lo jaló; se sentó de nuevo.

- "¡Dios mío! - pensó Pedro -. ¿Cómo es esto posible? Nadie sabía por qué yo era el único que llamaba a mi hijo Alejandro. Todos lo llamaban Ale.
¡Impresionante!"

Recordó que cuando le dijo esto a su hijo, le respondió: "Entonces, mi padre, cuando quiero decirte algo muy grave, te llamaré Juan Pedro." Incluso él se olvidó cuyo nombre era Juan Pedro; solo recordaba cuándo iba a firmar.

- "¡Solo pudo haber sido Alejandro quien me dio el mensaje! ¡Y realmente lo es! Mi cachorro no quiere que me encuentre con él en el cielo. ¡Me quiere aquí!", pensó y se secó el sudor que corría por su rostro.

Cuando todos recibieron esta ayuda, el pase, algunas personas fueron nuevamente al frente para recibir consejos y orientación.

Cuando terminaron el trabajo, se fueron a casa. Aline los estaba esperando y preguntó con curiosidad:

- Oye papi, ¿te gustó?

- ¡Estoy impresionado! El señor que me dio el pase me dijo algo que solo yo sabía. Aline, ¿sabías que Alejandro se llamaba así porque era el nombre de su abuelo, mi padre? Todos llamaban a mi hijo Ale, no a mí. Tenía una razón. Y el médium dijo: "Para limpiar el nombre." Mi padre era juerguista, bebía mucho, sufrimos mucho, mi madre, mis hermanos y yo por su bebida. Jonás, mi hermano, siempre decía:

- Me gusta el nombre Alejandro, pero nunca se lo pondré a mi hijo - Dije:

- Bueno, voy a, como también lo voy a llamar sin diminutivo ni apodo, va a limpiar el nombre. Como a Mônica le gustó el nombre, se lo dimos a su hermano, y yo siempre lo llamé Alejandro. Y el mensaje empezaba así: "¡Juan Pedro!" ¡Eso mismo! ¡Me llamó por mi nombre completo!

Aline se sobresaltó, pero Zé Carlos y Luzia no, estaban acostumbrados a cosas así, solo sonrieron.

Cuando Pedro se fue a dormir, oró y preguntó:

- ¡Dios, quiero hablar con el Señor! Hice mal, lo admito. Tenía el pretexto de querer engañarlo. Busqué la muerte y me alegro de no haberla encontrado. ¡Y no quiero volver a verla! ¡Incluso si ella me encuentra! Estoy interesado en Luzia, estoy feliz de tener a mi hija, yerno y nieto aquí conmigo. Voy a donar uno de mis riñones a Aline.

'ro no quiero morir! Esto no lo hago buscando la muerte, sino la ͮor ella. ¡Es tan nuevo! Pero si quieres llevarte a uno de ⋅ que sea yo. Ella tiene a Diego, entonces pequeño, en de una madre. El Señor que sabe y conoce nuestras ⋅abe que estoy siendo sincero. No quiero morir, sino

ícho

y solo ͮpo. ¡Por favor!

ᵗro escucharon la oración.

ᵗe responda! - Exclamó Alejandro.

- Menos mal que Pedro ya no piensa en morirse. Alejandro, cálmate, se espera que esta cirugía funcione. ¡Vamos! - invitó Josías.

Josías llevó a Alejandro a la escuela y volvió con su alumno. Cuando Pedro aceptó la invitación de ir a la casa de Umbanda, Josías buscó a Alejandro para que fueran juntos y le transmitiera algo a su padre. Aprovechó para tomarlo para ver a la madre y la hermana. Alejandro disfrutó mucho del encuentro fraternal.

- ¡Vaya, qué maravilloso es este intercambio! Fue una bendición poder pasar el mensaje a mi padre. Josías pidió a sus compañeros de Umbanda que quien fuera a darle un pase a Pedro le diera un mensaje por el medio pasista.

Se quedaron, Josías y Alejandro con el equipo de trabajadores desencarnados. Cuando Pedro se acercó a un médium, los dos también lo hicieron. Alejandro envió el mensaje, al mentor del médium que fielmente lo repitió, dejando al señor asombrado. Faltaban tres días para la cirugía y Pedro pensó:

- Tenía tantas ganas de ir al cielo, ahora quiero posponer esta partida. Y no voy a decir nada de interés para Luzia. Si desencarno, ella no se enterará, y si sigue encarnado, se lo diré. Creo que ella también está interesada en mí, pero podría estar confundiéndola, tal vez solo está siendo amable. Luzia se graduó, tiene un curso universitario

y tengo poco estudio. ¿Es esto un obstáculo? Está decidido: si no muero, le declaro mi amor.

Aline y Pedro serían ingresados en el hospital la víspera de la operación. Luzia se quedaría con Diego. Aline besó a su hijo y comenzó a llorar.

- ¡Es triste separarse de él!

- Es por un ratito, hija. ¡Volverás saludable y tendrás m tiempo para pasar juntos! - Pedro la consoló.

Por la mañana, Pedro tomó un medicamento amaneció con la enfermera preguntándole:

-Pedro, ¿estás bien?

Miró, observó el lugar, estaba en una habitación en la camilla.

- ¿Estoy vivo? preguntó Pedro.

- Está vivo y bien, su hija también. ¡La cirugía fue un éxito! - informó la enfermera.

Pedro sonrió y exclamó:

- ¡Me alegro que no me haya encontrado!- ¿Como ya he dicho?

- Nada, cariño. Estoy feliz de estar vivo y mi hija también.

14 - El cielo puede esperar

El período de recuperación transcurrió sin problemas. De hecho, la cirugía fue un éxito. Durante las horas de visita, Zé Carlos fue a verlo rápidamente para pasar más tiempo con Aline. En la tarde del tercer día. Luzia fue a visitarlo.

- Mônica se quedó con Diego, aclaró. ¡Vine a verte!

Luzia se paró al lado de la cama. Se miraron el uno al otro. Pedro le tomó la mano, como ella no la quitó, la apretó.

"¡Debo hablar ahora!", pensó.

- Luzia, ya que no morí. Dios me dejo aquí, ahora puedo decir algo que te quería hablar desde hace mucho tiempo.

Se detuvo, ya no tenía valor. Se quedó quieto mirando las sábanas.

- ¡Habla, Pedro! preguntó Lucía. "¡Debo hablar! Si la respuesta es sí, maravilloso, si no, es complicado. ¿Cómo vamos a vivir en la misma casa, si ella dice que no? Pero, ella está tomando mi mano, ¡voy a hablar!"

- Luzia, me gustas y te quiero para mí – dijo rápidamente.

- ¡Ay, Pedro!

Luzia lo acarició, le pasó la mano por la cara con ternura. ¿Eso es "oh" sí? ¿O es "no"?, pensó tímidamente. Se miraron.

"¡Ella no responde! ¿Qué hago ahora? ¡No puedo quedarme en esta agonía!"

- Luzia, ¿no dices nada además de ese "¡oh!"?

- ¿Me estás pidiendo una cita? ¡Acepto!

- Bueno - suspiró aliviado - Espero que no sea un noviazgo largo. Propondría si pudiéramos casarnos. Quiero vivir contigo como esposo.

- ¡Sí, Pedro! Sabes, creo que el matrimonio es la unión entre dos personas. Unión de amor, respeto, comprensión y afecto, independientemente de los roles.

- Estoy muy feliz. Luzia!

La visita, esta conversación le hizo mucho bien. La alegría, la felicidad es una preciosa aliada de cualquier tratamiento. Finalizó el horario de visitas. Lucía se fue, dejándolo con un beso en la mejilla.

Los niños del hospital, los que estaban mejor, también vinieron a verlo. Luego de un "buenas tardes" a coro, rodearon su cama y luego de contar "uno, dos, tres", cantaron juntos.

- Pedrón está cosido, ¡parece un colchón remendado! Ellos rieron.

- ¡Niños! ¡Cuando esté bien, los recogeré y les haré cosquillas! Les diré una cosa: ¡Chicos, las amo! ¡Los quiero mucho! Tres días sin verlos y ya tenía un anhelo gigante!

Recibí abrazos y besos reventados. Pedro realmente amaba a esos niños y ellos también lo amaban. La habitación se inundó de luz radiante. El amor irradia paz, armonía que se equilibra ¡Qué mundo tan maravilloso sería el nuestro si pudiera despertarse el amor en nosotros!

Fue dado de alta antes que Aline. Antes de irse a su casa, fue a ver a su hija, que estaba en otra parte del hospital.

- ¡Papá, qué bueno verte! Estuve preocupada por ti.

- Estoy mejor, hija, y feliz. Te ves bien.

- Me siento bien. El riñón está funcionando, y gracias a ti.

- A Dios, hija mía. ¡Todo es para Él!

Zé Carlos fue a buscarlo. En casa recibía visitas de vecinos, amigos de la fábrica y la pandilla del negro, como se conocía a los motociclistas.

Tres días después, Aline se fue a su casa, estaba débil, pero muy feliz. Zé Carlos y Luzia hicieron todo lo posible para prestar atención a los dos. Diego, que extrañaba a su madre, solo quería estar con ella. Todos estaban felices.

Mônica, que iba todos los días a ver a su hija al hospital, fue a visitarla a su casa. Habló con Pedro.

- Pedro, como no murió, creo que tenemos que resolver nuestra situación.

"¡Como no se murió! - pensó Pedro, tratando de no reírse -. Debo haber dejado ver mi intención, porque Mônica, que vivió conmigo durante tantos años, se dio cuenta.

Tal vez ella también esperaba que yo muriera. Si enviudara, sería más fácil volver a casarse.

- ¡Yo no morí!

- ¡No quise ofenderte! - balbuceó Mônica avergonzada -. Era una expresión infeliz, lo siento. Me alegro de verte bien. ¡Has salvado a Aline! Sin este trasplante, nuestra niña sufriría mucho. Quería pedir que nos separáramos por escrito.

- Está bien, Mônica, lo entiendo. No quiero complicaciones. Lo que decidas está bien para mí. ¡Quiero lo mejor para ti!

- Pedro, tenemos dos casas. Sé de las deudas que contrajo para dar lo mejor a nuestra Ale. A Arnaldo le va bien económicamente y nos llevamos muy bien. Nuestro hijo nacerá pronto. Contraté a un abogado para que hiciera nuestra separación. No quiero nada, no creo que tenga derecho. Tú que compraste las casas con dinero de tu trabajo.

- Pero tú me ayudaste, Mônica. Trabajaba en casa, cuidabas a los niños.

- Es verdad. Pero quiero que quede así: esta casa será de Aline, y la pequeña será tuya. ¿Aceptas? - Preguntó Mônica.

- ¿Y no recibes nada? - Preguntó Pedro admirado.

- Así lo queremos Arnaldo y yo.

- No creo que sea justo, pero como dije, no quiero complicaciones. Haz lo que quieras, Mônica. ¡Aceptado!

Detalles combinados.

En casa todo fue más fácil, se recuperaron bien con el cuidado y cariño de Luzia y Zé Carlos.

El miércoles, día que hicieron el Evangelio en Casa, después de la última visita, se sentaron en el sofá de la sala.

- Antes de hacer el Evangelio - dijo Zé Carlos - Me gustaría hablar de nuestros planes, los de Aline y los míos. Voy a terminar este curso, hacer otro y quiero conseguir un trabajo en una fábrica. Mamá y yo decidimos alquilar nuestra casa y nuestro taller. Seguiremos viviendo aquí.

- Voy a volver a estudiar - dijo Aline feliz -. Quiero ser un maestro. Nos gusta vivir aquí. Podemos quedarnos, ¿no papá?

- ¡Claro! - Exclamó Pedro -. Estoy feliz contigo aquí. Luzia y yo también tenemos algo que comunicar. ¡Es una sorpresa!

- ¡Se quedarán juntos! - Exclamaron Zé Carlos y Aline felices.

- ¿Cómo lo supieron? – Preguntó Luzia.

- No creo que lograran ocultarlo. Se miraban el uno al otro con tanto cariño. ¡Nos alegramos! ¡Es una gran sorpresa! - Aline comentó.

- ¡Así que ahora hagamos nuestro Evangelio! Lo haremos hoy de manera especial, para agradecerte por tu recuperación - dijo Luzia.

Luzia hizo la lectura y luego una oración de agradecimiento. Estaba tan conmovido que las lágrimas corrían por su rostro. Zé Carlos también dijo una oración.

- ¡Muchas gracias, Dios mío! - expresó Pedro.

Aline tomó *El Evangelio Según el Espiritismo*, lo abrió donde lo había marcado, en el capítulo 28. Colecciones de Oraciones

Espíritas, en el ítem 28. Acción de gracias por un favor obtuvo y leyó con lágrimas en los ojos:

- "No debemos considerar como sucesos felices solo las cosas de gran importancia. Las más pequeñas en apariencia suelen ser las que más influencia tienen sobre nuestro destino..."

Todo el mundo se conmovió. Cuando terminó de leer, Aline cerró el libro y Pedro dijo:

- Quiero decirte algo. Cuando Alejandro falleció, Mônica y Aline se fueron de casa, yo quería morir. No quería suicidarme, así que busqué la muerte, me involucré en algunas situaciones peligrosas con la intención de morir.

- ¡Papá! - Exclamó Aline indignada -. ¡Qué horror! ¿No pensaste en mí? ¿Cómo sufriría yo con tu desencarnación? ¡Si hubieras muerto, no me habrías dado uno de tus riñones y me habría enfermado! ¿Sería feliz en la espiritualidad sabiendo esto? Ya no estarás pensando en eso, ¿verdad?

- Por supuesto que no, Aline. Después que vinieron aquí y conocí mejor a Luzia, cambié de opinión. ¡El cielo puede esperarme!

Ellos rieron.

Josías y Alejandro, que habían venido a participar del Evangelio, suspiraron aliviados.

- Ahora puedo estudiar en paz. No tendré que preocuparme por papá.

- Yo - dijo Josías -, siempre vendré a visitarlos, ayudaré en lo que sea posible y regresaré tranquilo a mis actividades con el equipo de trabajadores de Umbanda.

Pedro no me dará más preocupaciones.

Los dos, Josías y Alejandro, ahora tranquilos, abandonaron esa casa dejando felices a sus residentes.

Pasó algún tiempo. Zé Carlos trabajaba en una fábrica, tenía un buen trabajo. Aline se había graduado en Pedagogía y enseñaba, trabajando como maestra con mucha dedicación. Diego creció fuerte y muy inteligente. Pedro trabajaba por la tarde en la fábrica;

por la mañana iba al hospital todos los días. Luzia lo acompañó, él jugó con los niños y ella visitó a los adultos. Y fue a través de este trabajo voluntario que conocieron a una pareja con SIDA que, durante sus internaciones, dejaban a los dos niños con ellos. Cuando esta pareja desencarnó, Zé Carlos y Aline adoptaron a los niños, Marcelo de cuatro años y Beatriz de dos años, dándoles así hermanitos para Diego.

Habituales de la umbanda, todos colaboraban en ayudar a los demás. Aunque con problemas comunes a los encarnados, fueron y son felices.

FIN

Grandes Éxitos de Zibia Gasparetto

Con más de 20 millones de títulos vendidos, la autora ha contribuido para el fortalecimiento de la literatura espiritualista en el mercado editorial y para la popularización de la espiritualidad. Conozca más éxitos de la escritora.

Romances Dictados por el Espíritu Lucius

La Fuerza de la Vida

La Verdad de cada uno

La vida sabe lo que hace

Ella confió en la vida

Entre el Amor y la Guerra

Esmeralda

Espinas del Tiempo

Lazos Eternos

Nada es por Casualidad

Nadie es de Nadie

El Abogado de Dios

El Mañana a Dios pertenece

El Amor Venció

Encuentro Inesperado

Al borde del destino

El Astuto

El Morro de las Ilusiones

¿Dónde está Teresa?

Por las puertas del Corazón

Cuando la Vida escoge

Cuando llega la Hora

Cuando es necesario volver

Abriéndose para la Vida

Sin miedo de vivir

Solo el amor lo consigue

Todos Somos Inocentes

Todo tiene su precio

Todo valió la pena

Un amor de verdad

Venciendo el pasado

Otros éxitos de Andrés Luiz Ruiz y Lucius

Trilogía El Amor Jamás te Olvida

La Fuerza de la Bondad

Bajo las Manos de la Misericordia

Despidiéndose de la Tierra

Al Final de la Última Hora

Esculpiendo su Destino

Hay Flores sobre las Piedras

Los Peñascos son de Arena

Otros éxitos de Gilvanize Balbino Pereira

Linternas del Tiempo

Los Ángeles de Jade

El Horizonte de las Alondras

Cetros Partidos

Lágrimas del Sol

Salmos de Redención

Libros de Eliana Machado Coelho y Schellida

Corazones sin Destino

El Brillo de la Verdad

El Derecho de Ser Feliz

El Retorno

En el Silencio de las Pasiones

Fuerza para Recomenzar

La Certeza de la Victoria

La Conquista de la Paz

Lecciones que la Vida Ofrece

Más Fuerte que Nunca

Sin Reglas para Amar

Un Diario en el Tiempo

Un Motivo para Vivir

¡Eliana Machado Coelho y Schellida, Romances que cautivan, enseñan, conmueven y pueden cambiar tu vida!

Romances de Arandi Gomes Texeira y el Conde J.W. Rochester

El Condado de Lancaster

El Poder del Amor

El Proceso

La Pulsera de Cleopatra

La Reencarnación de una Reina

Ustedes son dioses

Libros de Marcelo Cezar y Marco Aurelio

El Amor es para los Fuertes

La Última Oportunidad

Nada es como Parece

Para Siempre Conmigo

Solo Dios lo Sabe

Tú haces el Mañana

Un Soplo de Ternura

Libros de Vera Kryzhanovskaia y JW Rochester

La Venganza del Judío

La Monja de los Casamientos

La Hija del Hechicero

La Flor del Pantano

La Ira Divina

La Leyenda del Castillo de Montignoso

La Muerte del Planeta

La Noche de San Bartolomé

La Venganza del Judío

Bienaventurados los pobres de espíritu

Cobra Capela

Dolores

Trilogía del Reino de las Sombras

De los Cielos a la Tierra

Episodios de la Vida de Tiberius

Hechizo Infernal

Herculanum

En la Frontera

Naema, la Bruja

En el Castillo de Escocia (Trilogía 2)

Nueva Era

El Elixir de la larga vida

El Faraón Mernephtah

Los Legisladores

Los Magos

El Terrible Fantasma
El Paraíso sin Adán
Romance de una Reina
Luminarias Checas
Narraciones Ocultas
La Monja de los Casamientos

Libros de Elisa Masselli
Siempre existe una razón
Nada queda sin respuesta
La vida está hecha de decisiones
La Misión de cada uno
Es necesario algo más
El Pasado no importa
El Destino en sus manos
Dios estaba con él
Cuando el pasado no pasa
Apenas comenzando

**Libros de Vera Lúcia Marinzeck de Carvalho
y Patricia**

Violetas en la Ventana

Viviendo en el Mundo de los Espíritus

La Casa del Escritor

El Vuelo de la Gaviota

**Vera Lúcia Marinzeck de Carvalho
y Antônio Carlos**

Amad a los Enemigos

Esclavo Bernardino

la Roca de los Amantes

Rosa, la tercera víctima fatal

Cautivos y Libertos

Deficiente Mental

Aquellos que Aman

Cabocla

El Ateo

El Difícil camino de las drogas

En Misión de Socorro

La Casa del Acantilado

La Gruta de las Orquídeas

La Última Cena

Morí, ¿y ahora?

Las Flores de María

Nuevamente Juntos

Libros de Mônica de Castro y Leonel

A Pesar de Todo

Con el Amor no se Juega

De Frente con la Verdad

De Todo mi Ser

Deseo

El Precio de Ser Diferente

Gemelas

Giselle, La Amante del Inquisidor

Greta

Hasta que la Vida los Separe

Impulsos del Corazón

Jurema de la Selva

La Actriz

La Fuerza del Destino

Recuerdos que el Viento Trae

Secretos del Alma

Sintiendo en la Propia Piel

World Spiritist Institute
https://iplogger.org/2R3gV6